Grandes manoeuvres
autour des talents pour
une croissance responsable

Collection
- - Point de traverse - -

Didier **Lautrec**

Didier LAUTREC est spécialisé en management des organisations. Il est titulaire d'un DEA en sciences de gestion, complété d'une professionnalisation en Ressources Humaines. Il est aussi diplômé en Documentation et gestion de l'information numérique.

Du même auteur :

« **Accompagner les Salariés Aidants et en faire un atout de développement.** Guide pratique : Dispositif social, RSE et QVT, Outils et services facilitateurs », 1ère édition, *Amazon Kindle,* Janvier 2019.

« **Réinventer les contextes de Travail vers davantage de Libertés et d'Agilité.** Guide pratique : Innovation managériale, Organisation inspirante, Méthodologie et Moyens numériques », 1ère édition, *Amazon Kindle,* janvier 2020.

« **Repenser la Fonction RH et le Management pour Accompagner les transformations du travail.** Guide pratique : Emploi de qualité, Engagement, Nouveaux métiers RH, Méthodologie et Moyens numériques », 1ère édition, *Amazon Kindle,* juillet 2019.

« **Entreprendre une Démarche RSE pour Améliorer l'activité et Engager vos salariés.** Guide pratique : Stratégie, Développement Durable, Bien-être, Méthodologie et Moyens numériques », 1ère édition, *Amazon Kindle,* Janvier 2019.

« **Engager vos Salariés dans une Logique d'Apprenance pour Mieux Travailler.** Guide pratique : Agilité, Gouvernance, Innovation, Méthodologie et Moyens numériques », 1ère édition, *Amazon Kindle,* Septembre 2018.

« **Améliorer vos Pratiques d'Embauche pour Mieux Recruter.** Guide pratique : Marque employeur et Compatibilité, Méthodologie, Outils numériques et Prospective », 1ère édition, *Amazon Kindle*, Mai 2018.

« **Concevoir un Chatbot RH pour mieux Accompagner les Salariés.** Guide pratique : Cas d'usage, Méthodologie, Prestataires et Apports expérientiels », 1ère édition, *Amazon Kindle*, Janvier 2018.

« **Piloter l'Expérience Employé et la Marque Employeur.** Guide pratique : Pédagogie, Méthodologie, Outils et Tendances », 2ème édition, *Amazon Kindle*, Juin 2018.

« **Stimuler l'intelligence collective en PME. 8 projets collectifs pour devenir une entreprise innovante** », 1ère édition, *Amazon Kindle*, Mars 2017.

Avant-propos

Collection
-- *Point de traverse* --

Nous dédions cette collection à partager avec vous une sélection de sujets qui nous ont intéressés et qui nous semblent revêtir une importance singulière dans le monde qui se dessine.

Pour vous offrir des éclairages qui vous soient utiles, nous rassemblons autour d'une articulation de découverte, la présentation de sources, de repères, d'acteurs, de concepts, d'exemples et de réflexions, qui défrichent le sujet.

Nous souhaitons ainsi pour chacun d'eux, partager avec vous au travers d'ouvrages courts, leur intérêt, leur complexité et leur actualité.

Table des matières

Chapitre 2
Enjeux et domaines d'expression des talents pour une croissance responsable 37

Chapitre 3
Repères et notions clés   69

Introduction

VERT. C'est un peu la couleur dont se revêtent aujourd'hui les sociétés !
Il n'en fut pas toujours ainsi, tant ce vert fut en réalité longtemps du « vert pâle », du « vert timide », ou du « vert dédaigneux ».
C'est qu'en matière d'impacts environnementaux et sociaux, ou d'économie verte et durable, on y est allé « à petit pas ».

Pouvait-il toutefois en être autrement ? Quand pour verdir l'économie, les territoires, les villes, les emplois et les sociétés dans leur ensemble, il y faut embarquer les personnes. De toutes générations. De tous les talents. Et de toutes conditions pour y parvenir.

Et ce que n'a pas pu faire l'homme en matière de sensibilisation, d'éducation et de persuasion, la nature s'en est chargée seule.

Quelle en était donc la recette miracle, pour mettre à peu près d'accord tout le monde, que les esprits les plus motivés et les plus lucides, n'étaient auparavant pas parvenus à établir ?

Elle n'est pas si compliquée qu'il y paraît.
Il y aura fallu un peu de *pénuries de matières premières*. Un zest de *disparition de la biodiversité*. Quelques *pollutions aux pesticides*. Une bonne portion de *catastrophes naturelles*. Des *déchets* en veux-tu, en voilà. Une dose de *crise sanitaire*. Une cuisson *climatique*. Etc.

Bref, il y aura fallu simplement que la nécessité d'agir autrement saute aux yeux de tous, tant nos quotidiens en sont déjà bousculés.

Agir, oui. Mais pas pour se désoler et fataliste, ne rien faire. Plutôt pour entrer en transition, y travailler et constructif, réinventer tout ce qui peut l'être.

Tout cela n'est pas une mince affaire, car il ne s'agit rien de moins, que de rompre avec les anciennes pratiques. Les vielles représentations. Les certitudes plus si sûres que cela. Le conventionnel qui sclérose les idées. L'égoïsme individualiste bien peu vertueux. Les expériences de travail insipides et peu attractives. Les identités de territoire affadies. Les approches marchandes dépassées. Etc.

Et l'on voit bien que pour réinventer tout cela, il y faut les talents de chacun :

- Les spécialistes de l'habitat et de l'aménagement urbain
- Les agriculteurs les plus passionnés et vertueux
- Les spécialistes du marketing les plus à l'écoute
- Les dirigeants – *élus ou responsables* – dans les territoires
- Les professionnels des ressources humaines les plus innovants et visionnaires
- Les entrepreneurs parfois utopistes pour innover et entreprendre
- Les citoyens les plus exigeants
- Les formateurs et acteurs du changement
- Les plus jeunes souhaitant s'engager et donner du sens à leur travail
- Etc.

Toutes ces ruptures qu'ils ont ainsi à opérer, dessinent ensemble une nouvelle économie – *une troisième révolution industrielle* – et une nouvelle société pour laquelle il faut **libérer les talents**. Pour qu'ils innovent. Pour qu'ils s'engagent. Pour qu'ils transfèrent leurs savoirs. Etc.

L'heure est aux **grandes manœuvres autour des talents pour une croissance verte et responsable**.

Mais pour vous qui lisez ces lignes pour découvrir le sujet, pour y trouver des idées ou des exemples, pour vous orienter, pour agir dans votre domaine, ou pour toute autre raison qui vous appartient, les éclairages sont une nécessité.

C'est à cela que nous dédions cet ouvrage et vous présentons ce qu'il nous semble utile, pour mener des réflexions éclairées.

Pour ce faire, nous rappellerons tout d'abord quels sont « les défis, les crises et les aspirations d'un monde en transition » (*Chapitre 1*). Essentiellement pour en montrer l'actualité, mais surtout pour mieux y percevoir « les enjeux ou les domaines d'expression des talents pour une croissance responsable » (*Chapitre 2*). Et pour ne pas être en reste, nous évoquerons quelques « repères et notions clés », qu'il nous semble utile d'avoir en tête (*Chapitre 3*).

Chapitre 1

Défis, crises et aspirations d'un monde en transition

IL ne viendrait aujourd'hui à personne, l'idée saugrenue d'affirmer haut et fort que tout est bien dans le meilleur des mondes. On peut certes se montrer confiant en l'avenir, mais lorsqu'il devient perceptible à hauteur d'homme que le meilleur - *ou l'insouciance* - est derrière nous, c'est que les équilibres naturels sont à coup sûr en train de vaciller.

Désormais le stade du déni est assez largement dépassé. Armés d'une meilleure compréhension des phénomènes en cours, d'une conscientisation plus avancée et de la perception d'une urgence à agir, les sociétés humaines se sont mises en mouvement. Notamment pour repenser ce qui est fait et la façon de le faire :

- L'économie et les secteurs d'activité. Avec des dynamiques significatives
- Le travail et la consommation. Avec des exigences éthiques
- Le déroulé et la vie quotidienne. Avec le retour en grâce des territoires et des liens de proximité
- Le fonctionnement des organisations. Avec la réinvention des écosystèmes de travail

Toutes choses qui témoignent ainsi assez bien d'un monde en transition et d'une aspiration à ce que chacun soit « responsable », afin de *recréer les équilibres perdus.* Ceux-là même qui constituent aujourd'hui tant de défis et génèrent aussi tant de crises.

1. Des défis et des crises multiples entremêlés

Nous aimerions tous qu'il en soit autrement, mais la liste des défis qui se présentent à nous est longue ! Et tout indique qu'elle soit promise à s'allonger plus encore.

Mais malgré son côté désolant, c'est en tout cas un inventaire qu'il importe de dresser pour comprendre à quoi les hommes sont conviés.
Les espérances ne sont à leurs égards pas minces, puisque l'on attend des talents de chacun, qu'ils contribuent à trouver des parades à ces multiples défis.

1.1.1. D'importants défis environnementaux
Si nous sommes aujourd'hui tous familiers de la notion d'environnement et de ce qu'elle recouvre, il faut bien dire que l'ambigüité du terme n'a pas facilité les prises de conscience. Et qu'elle a sans doute retardé l'action publique et citoyenne, qui nous aurait épargnée bien des soucis.

Le terme d'environnement a en effet le tort, de laisser penser qu'il désigne des choses qui nous sont extérieures. Secondaires. Alors qu'il désigne bien davantage *toutes les choses fondamentales qui composent notre « cadre de vie »*.

A quels défis faut-il alors penser pour saisir tout ce qui nous menace ?

Inventaire :

⊃ La *pénurie croissante de matières premières* : sables ; métaux ; ... et la montée constantes des prix des énergies fossiles

⊃ Et dans le même temps, *des besoins croissants* : en énergie fossile ; en métaux ; etc.

16

⊃ La *sixième extinction des espèces*, marquant l'affaiblissement des capacités de renouvellement du vivant et le recul de la biodiversité (*Rapport de l'IPBES – Plateforme intergouvernementale scientifique et politique sur le biodiversité et les services écosystémiques*)

⊃ Les coups portés à celles-ci par les *ruptures de continuités écologiques* : réseaux routiers ; voies ferrés ; urbanisation ; ..., qui entravent les zones d'alimentation, de reproduction et de diversité des espèces animales

⊃ Mais pourtant un *accroissement de l'exploitation des végétaux et de la déforestation*, qui réduisent encore davantage les espaces de vie animales

⊃ Des *exponentielles dans l'exploitation des terres, des eaux, des animaux, ...*

⊃ Entrainant des *défis agricoles majeurs* : dynamique des eaux ; épidémies ; pullulation de ravageurs ; ...

⊃ Mais pourtant de *multiples impacts négatifs de l'activité humaine* : pollutions diverses et conséquentes ; exponentielle des intrants ; ...

⊃ Entrainant notamment : *la dégradation des terres agricoles ; l'empoisonnement des mers et des espèces aquatiques*

⊃ Mais aussi *l'artificialisation croissante des sols*, participant à la diminution des terres cultivables, ou à la multiplication des catastrophes naturelles : inondations ; coulées de boue ; ...

⊃ *Doublement des catastrophes naturelles* sur la période 2000-2019, avec 1,2 million de victimes dans la monde (*Rapport de l'ONU*)

⊃ Accélérées par le *réchauffement climatique* aux multiples impacts environnementaux (*Rapport du GIEC – Groupe d'experts internationaux sur l'évolution du climat*)

⊃ Mais pourtant, *exponentielle dans la production de CO2*

⊃ *L'explosion de la production de déchets*, avec une augmentation estimée de 70% d'ici 2050. Passant ainsi de 2 milliards de tonnes en 2016, à 3,4 milliards de tonnes par an (*Rapport de la Banque Mondiale*)

⊃ *La pollution de l'air aux pesticides.* L'observatoire de la région Occitanie a ainsi détecté pour 2018-2019, la présence dans l'air de 61 pesticides, dont 31 perturbateurs endocriniens

⊃ *La pollution des eaux aux pesticides et aux métaux* Une étude de 2020, menée par le Syndicat national des entreprises de l'eau – *Synteau* – et l'Institut de Recherche pour l'Agriculture, l'Alimentation et l'Environnement – *INRAE* – pointe du doigt la présence de pesticides et de métaux, que les stations d'épuration ne savent pas filtrer.
Près de 147 tonnes de ces polluants nocifs pour la santé et l'environnement sont ainsi rejetés chaque année en France !

⊃ Etc.

1.1.2. D'importants défis sociaux, économiques, sanitaires, alimentaires, démographiques, urbanistiques, ...

A côté des défis environnementaux qui mettent à mal l'écosystème qui nous abrite, surviennent également des défis sociaux, économiques, sanitaires, alimentaires, démographiques, urbanistiques, ... , en relation plus ou moins directe avec la dégradation de l'environnement.

Inventaire :

⊃ *Défi démographique* d'abord, car l'accroissement exponentiel de la population mondiale, *surenchérie mécaniquement la consommation de produits fabriqués* à partir de l'exploitation des ressources primaires et du vivant

⊃ *Défi alimentaire* ensuite, pour répondre à la demande mondiale, alors même que les rendements agricoles ont à subir des crises de plus en plus régulières : réchauffement climatique entrainant de la sécheresse ; intrants de synthèse dégradant la fertilité des sols ; standardisation des variétés cultivées amoindrissant les qualités nutritionnelles ; ...

⊃ Toujours dans le domaine alimentaire, il faut aussi évoquer *le détournement des surfaces agricoles* vouées à l'exportation pour la captation de devises, plutôt que pour nourrir les populations locales. Ou bien destinées à l'alimentation des animaux d'élevage, toujours en croissance. Ou encore à destination des nouveaux besoins industriels : biocarburants ; matière de substitution des plastiques ; ...

⊃ Défi social et économique, résultant des *difficultés pour les agriculteurs à vivre de leur travail* - tenant souvent lieu de passion - du fait de prix agricoles mondialisés, déconnectés de leurs réalités locales et de la notion de rentabilité, ou encore de celle d'équité !

⊃ Mais également « *défi sanitaire* », *lié aux inégalités d'accès aux produits pharmaceutiques ou de prévention sanitaire*, du fait d'une forte mondialisation de secteurs pourtant stratégiques. Par exemple : inégalité d'accès aux réactifs de dépistage durant la crise du covid-19, ou à disposer de masques de protection

⊃ Défi sanitaire auquel il convient d'ajouter le constat fait en France, d'une *pénurie croissante de médicaments*, car l'industrie pharmaceutique abandonne la fabrication de produits considérés comme peu ou pas rentables

⊃ Corollaire de l'augmentation de la population, le *défi de la prise en charge du vieillissement* et des problèmes de santé liés

⊃ *Inégalités de revenus* (*Rapport de l'OCDE*) entravant le développement humain et économique : éducation ; accès à la santé ; amélioration des procédés de production vers des techniques plus économes en ressources, ou limitant le recours à des pratiques polluantes ; ...

⊃ Parfois même, *recul des Produits Intérieurs Bruts*, entrainant : montée du chômage ; risque d'explosion sociale ; accroissement des inégalités de revenus ; exclusion ; ...

⊃ Défis liés à l'évolution du « travail » lui-même. Avec notamment des *inquiétudes sur l'avenir du salariat*, bousculé par de nouveaux phénomènes : attirance pour le « travail ouvert » - *comme la professionnalisation des passions* ; progression voulue ou subit du travail indépendant ; accroissement du « multiemploi » ou slashing ; automatisation croissante ; ...

⊃ On doit aussi évoquer l'un des symptômes de cette situation, qui est *la désaffection manifeste pour les contenus d'emplois proposés*. En lien direct avec l'augmentation d'un *sentiment d'inutilité sociale et celui d'exercer des activités dépourvues de sens*. Ce qui est à mettre en relation avec l'absentéisme record rencontré en France, dont le coût est estimé à 100 mds d'euros

⊃ Et dans le même temps, *défi professionnel et social, lié à l'évolution rapide des organisations et des métiers*, accélérant l'obsolescence des qualifications et de secteurs entiers.

Avec pour conséquences : impératif d'évolution professionnelle des populations ; reconversion des missions d'entreprises avec rénovation des pratiques et des équipements ; reconversion et parfois dépollution des friches industrielles ; ...

➲ Avec *le risque d'une société en proie à de graves problèmes d'exclusion* et d'enfermement, dans des trappes d'inactivité. Ou *la crainte du décrochage de territoires entiers*

➲ Difficultés qui sont par ailleurs aggravés, par des *problématiques d'ancrage des emplois dans des territoires en perte d'attractivité* : villes moyennes ; régions agricoles ; territoires ruraux ; ..., et par les pratiques de délocalisation

➲ Désaffection de territoires qui entraine naturellement *un attrait pour les mêmes lieux d'habitation ou de travail* – *urbanisation côtière par exemple* – avec des problématiques liées à la densification ; à la gentrification ; aux transports. Et provoquant inéluctablement des pollutions conséquentes : pollutions diverses – *bruit ; CO2 ; artificialisation des sols ;* ... - ou des problématiques d'habitat

➲ *Défi lié à l'habitat* justement, qui concentre nombre de problématiques sociales et environnementales. Comme la modernisation des constructions et des équipements de production d'énergie, ou d'isolation thermique. Ou encore le verdissement des toits et des terrasses. Ou tout bonnement la problématique de la préservation de l'intégrité des bâtiments, face à la sécheresse. Ou au contraire à la montée des eaux. Comme par exemple pour faire face à la montée du niveau de la Méditerranée, qui pourrait atteindre 0,5 à 2,5 mètres d'ici 2100, menaçant l'habitation en zone côtière !! (*Rapport sur l'état de l'environnement et du développement en Méditerranée de 2020*)

➲ Etc.

2. Une recomposition économique, sectorielle et professionnelle

Fort heureusement, devant l'inventaire des défis et des crises dont l'allongement continu suscite le tournis, l'humanité ne reste pas murée dans la passivité. Les Etats légifèrent. Signent des accords internationaux. Financent des transitions. Et les entreprises comme bien sûr les hommes, se repositionnent ou se réinventent.

Beaucoup regretterons les lenteurs, ou les levées de barrières des opposants aux changements, mais les bonnes volontés et les énergies créatrices sont belles et bien enclenchées.
Et déjà les dynamiques de changement sont manifestes.

1.2.1. Vers une croissance soutenable

Abandonner une situation confortable pour une nouvelle n'est jamais chose aisée. Il faut dire qu'elle rime souvent avec « conventionnel », ce qui donne une idée juste de la force nécessaire, pour *passer outre les représentations établies.*

Car sur ces représentations ont été érigés : des habitudes qu'il faut abandonner ; des satisfactions égoïstes et le refus de voir là où ça dérange. Là où ça pêche. Là où ça craque.

Même lorsque l'on a été mis en garde, que ce qui arrive - *un modèle qui craque* – allait arriver. Comme l'avait pourtant annoncé en matière environnementale, le rapport MEADOWS, remis au Club de Rome en 1972, détaillant de façon prospective « les limites de la croissance » dans un monde fini. Qu'il qualifiait alors « d'insoutenable » !

Il portait déjà en lui à cette époque, la philosophie et la recommandation « d'un développement durable ».

Quel que soit le sort réservé à ce célèbre rapport – *plutôt enterré* – nous n'en sommes plus à 1972, où la pression des urgences environnementales et sociales était moins évidente.

Et même si Dennis MEADOWS déclarait en 2012, qu'il était déjà trop tard pour entreprendre l'expérience du Développement Durable, ou une croissance verte, c'est bien vers celle-ci que l'on se dirige enfin.

Ce coup-ci avec l'adhésion nécessaire, mais tardive, à l'idée que les systèmes linéaires du toujours plus et que la recherche d'une satisfaction immédiate et égoïste, sans considération des dégradations, ne peuvent plus perdurer.

Cela ne signifie pas pour autant qu'il faille renoncer à toute forme de croissance, dont on imagine mal que ce renoncement puisse résoudre les problématiques : sociales ; économiques ; sanitaires ; alimentaires ; urbanistiques ; d'habitat ; ..., que nous évoquions.

Il s'agit au contraire d'entreprendre une conversion vers une croissance soutenable.
C'est-à-dire *qui modère autant que possible, les impacts négatifs sur notre cadre de vie.* Et qui soit pour cela innovante, globale, systémique et bénéfique à tous les acteurs intéressés aux résultats :

- Les entreprises
- Les salariés
- Les Etats
- Les territoires pour le niveau local
- Les bénévoles ou les militants
- Les consommateurs
- Les citoyens
- Etc.

Notamment pour satisfaire les besoins bien légitimes de chacun. Celui d'être soigné. Celui de vivre dans un logement moderne. Celui de disposer d'un travail décent et honnêtement rémunéré. Celui de vieillir sereinement. Celui d'évoluer dans un territoire doté d'une identité plaisante et attractive. Etc.

Car *derrière l'idée d'une croissance soutenable, se trouve aussi celle des opportunités économiques.* Qui n'est pas comme on le croit trop souvent, une simple affaire d'argent. Car l'économie représente et décrit en réalité, le lien et la qualité des relations au sein d'une société, dans un espace donné.

Il suffit pour s'en convaincre, de se remémorer tous les concepts qui lui sont associés. Economie rurale. Circuits courts. Modèle économique et social des villes. Financements éthiques ou participatifs. Economie solidaire. Etc.

Les grands acteurs de la finance, sans lesquels il ne serait pas possible de créer et de développer des ruptures technologiques, ont d'ailleurs bien saisi la nécessité et l'intérêt de la bascule, vers un modèle de production et de consommation durable.

Raison pour laquelle, ils réorientent leurs actifs vers *les secteurs d'avenir, qui sont en bonne part les éco-activités.* Dont la particularité est comme le nom le laisse deviner, d'être moins incompatibles avec la préservation de l'environnement.

La croissance soutenable vers laquelle on se dirige enfin, est donc faite de dynamiques : financières ; sectorielles et professionnelles. Sans oublier non plus, celle de la *réinvention des approches marchandes.* Ni celle de la *réinvention des expériences de travail et de la gestion des talents,* appelés – *on l'espère* – à contribuer à une économie responsable.

1.2.2. Vers de nouvelles dynamiques sectorielles

Et les talents ont en effet déjà bel et bien commencé à actionner la bascule vers une économie soutenable.

Notamment en révisant l'importance accordée à tel ou tel secteur et donc en faisant progressivement le deuil de certains d'entre eux.

Ces nouveaux secteurs clés apparaissent ainsi autour de *quelques grands domaines* :

- La protection de l'air ambiant et du climat
- La gestion des eaux usées et des déchets
- La protection et l'assainissement du sol et des eaux
- La lutte contre le bruit
- La protection de la biodiversité
- La recherche et le développement d'innovations environnementales
- La formation et l'éducation

Par exemple dans « le domaine de la gestion des déchets », le secteur de la chimie verte - *ou chimie biosourcée* – avec des marchés applicatifs tels que :

- La santé
- Les éco-industries
- L'énergie
- Les bio-carburants
- Etc.

Ou encore pour « le domaine de l'air ambiant et du climat », le secteur des énergies renouvelables. Avec des marchés autour :

- De l'hydraulique
- Du photovoltaïque
- Etc.

Il faut d'ailleurs noter comme signe évident d'une bascule verte, que *les énergies renouvelables sont aujourd'hui à égalité avec les énergies fossiles, en termes de capitalisation boursière.*
Et que les investissements y étaient en 2017, de l'ordre de 280 milliards de dollars, contre seulement 103 milliards pour les énergies fossiles.

Enfin, au-delà même des écosecteurs, gravitent de nombreux opérateurs qui interviennent dans ces nouvelles chaînes de valeurs vertes.

Par exemple et encore une fois à propos des énergies renouvelables :

- Les opérateurs de la production d'équipement
- Ceux spécialisés dans l'installation
- Et ceux qui en assurent la maintenance
- Etc.

1.2.3. Vers une nouvelle dynamique d'emploi

Il va de soi qu'une nouvelle dynamique sectorielle, soulève aussi une réaffectation des emplois vers l'économie verte, en même temps que des emplois nouveaux.

Cette dynamique est ainsi estimée à 18 millions d'emplois nets créés dans le monde d'ici 2030, selon une projection de l'OIT (*Organisation Internationale du Travail*).

Elle est ainsi à l'échelle européenne déjà nettement palpable, puisque la croissance des emplois verts y a été sept fois supérieure, à celle des emplois de l'économie « conventionnelle », sur la période 2000-2015.

Certains secteurs traditionnels vivent même très clairement une dépopulation de leurs effectifs. Tel est le cas de nombreuses industries qui ont un bilan d'emploi négatif. Comme :

- Celle du raffinage
- De la sidérurgie
- De la cimenterie
- Du papier carton
- Etc.

Alors qu'à l'inverse, les industries représentatives des nouveaux secteurs clés, comme celles :

- De la production électrique
- Du transport de gaz
- Du chauffage urbain
- Des biens d'équipement à destination des énergies renouvelables,
- Etc.

... / ont, elles, des dynamiques d'emploi positives.

3. Les multiples signes d'une conscientisation grandissante des défis environnementaux et sociaux

La transition écologique, vouée à une meilleure prise en compte de l'environnement, ne se fait évidemment pas sans accros. Nous avons tous en tête les nombreux accros lui portant atteinte : dénégations stériles devant l'évidence du réchauffement climatique ; forêt amazonienne qui brûle encore et toujours ; etc.

Toujours est-il que la transition écologique est en bonne voie et que les signes d'une meilleure conscientisation des défis s'y font à bas bruit. Sans trop d'éclat, mais avec une portée significative.

Nous vous proposons ici quelques signes qui en attestent, au niveau mondial, au niveau européen et au niveau français.

⊃ La fin du charbon
Ce combustible qui a longtemps été un incontournable du chauffage d'habitation, ou de la production d'électricité, voit progressivement sa rentabilité décliner. En conséquence de quoi la moitié du charbon américain, appartient d'ailleurs à des entreprises en faillite !

Signe évident d'un désintérêt manifeste.

⊃ **L'incitation forte faite aux entreprises de s'engager**
Blackrock, le plus grand fond d'actionnariat actuel au monde, avait appelé en 2019 les entreprises, à *définir une « raison d'être »* ! Et même, au-delà des déclarations de principes qu'elles pourraient afficher, à rendre des comptes sur leurs actions.

⊃ **L'adoption par les grandes entreprises de l'alignement 2°C**
En 2019, plus de 500 entreprises dans le monde se sont engagées à s'aligner sur cet objectif environnemental fixé lors de l'accord de Paris, pour tenter de limiter le réchauffement climatique.

On compte parmi elles : L'Oréal ; Mac Donald's ; Legrand ; ...

⊃ **La progression d'une pédagogie du développement durable**
La sensibilisation et la formation aux pratiques et à l'intérêt du développement durable progresse partout dans le monde.

D'abord dans les programmes de formations dispensés dans les universités : Paris ; Berlin ; Shenzhen ; Genève ; ...

Ensuite auprès des plus jeunes. Comme par exemple à travers « La plus grande leçon du monde » - *programme de sensibilisation produit par les Nation-Unis, l'Unicef et l'Unesco.*

Ou bien dans le contexte français, à travers le réseau d'enseignants « Bâtisseurs de possibles » ou « Les Savanturiers ».

⊃ **Le Green Deal européen**
L'Union Européenne a acté l'accompagnement de la neutralité climatique du continent pour 2050. Elle a ainsi décidé d'allouer 100 milliards d'euros à la transition écologique.
Elle a également fait sien le principe du « Ne pas blesser » - *do not harm* – à l'intérieur de sa loi climatique.

⊃ La RSE s'installe de manière visible dans les entreprises

La Responsabilité Sociale des Entreprises s'affirme aujourd'hui comme un véritable domaine professionnel, avec lequel les entreprises doivent compter.

Il en est ainsi dans les grandes entreprises, qui sont les plus exposées aux risques de générer des dégâts environnementaux et sociaux. Une étude menée par Bpifrance, l'Observatoire de la RSE et le Cabinet Des Enjeux et des Hommes en 2018, montre ainsi que *100% des entreprises du Cac 40 ont une personne en charge de la RSE !*

Le titulaire de cette fonction est d'autant plus visible, qu'il fait l'objet pour 46% d'entre eux, d'un rattachement direct à la direction générale, qui montre de cette façon, l'importance qu'elle accorde à cette thématique.

Les ETI (Entreprise de Taille Intermédiaire) et les PME ne sont pas non plus en reste, puisqu'une autre enquête de Bpifrance Le Lab — *laboratoire d'idées de la Banque Publique* - montre que 90% des dirigeants interrogés, affirment mener des actions RSE.

⊃ L'adoption par la France d'une stratégie de transition écologique

Pour agir de façon coordonnée et systémique, la France s'est dotée d'une stratégie reposant sur 9 axes de travail, autour de 3 piliers, pour la période 2015-2020. (*Source : écologie.gouv.fr*)

Définir une vision à l'horizon 2020

- Développer *des territoires durables et résilients*
- S'engager dans l'économie circulaire et sobre en carbone
- Prévenir et réduire les inégalités environnementales, sociales et *territoriales*

Transformer le modèle économique et social pour la croissance verte
- Inventer de nouveaux modèles économiques et financiers
- Accompagner la mutation écologique des activités économiques
- Orienter *la production de connaissances*, la recherche et l'innovation vers la transition écologique

Favoriser l'appropriation de la transition écologique par tous
- *Eduquer, former et sensibiliser* pour la transition écologique et le développement durable
- Mobiliser les acteurs à toutes les échelles
- Promouvoir le développement au niveau européen et international

⊃ **L'appel à la responsabilité professionnelle de la fonction publique territoriale**

Les cadres et dirigeants de la fonction publique territoriale, sont appelés par la voix de leur association – *l'ADT-INET* – à réviser leurs pratiques professionnelles dans un sens favorable à la transition écologique. Et pour cela, à mettre en œuvre des actions concrètes du type :

- Végétalisation urbaine
- Politique d'achat responsable
- Développement de la culture biologique ou raisonnée
- Production d'énergie locale s'appuyant sur le solaire, l'éolien, la méthanisation, ...
- Choix de matériaux durables
- Sobriété foncière
- Etc.

Ce qui est recherché à travers la suggestion de ces expérimentations, n'est rien de moins que la *réorientation des modèles de territoires et de leur économie.*

⊃ L'appel à la relocalisation des activités essentielles

Devant les énormes difficultés liées à la crise du coronavirus, qui aura au moins eu le mérite de mettre au grand jour les failles de notre système : défi sanitaire et pharmaceutique ; trop forte dépendance extérieure ; difficultés d'ancrage des emplois ; ... , 18 responsables d'organisations syndicales, sociales, environnementales, agricoles, se sont réunies pour lancer un appel à relocaliser les activités essentielles.

Ce mouvement baptisé « Plus jamais ça », réunissant : Greenpeace ; Attac ; la CGT ; la Confédération paysanne ; ... , s'est ainsi exprimé pour demander :

« ... un plan de réorientation et de relocalisation solidaire de l'agriculture, de l'industrie et des services, pour les rendre plus justes socialement et en mesure de satisfaire les besoins essentiels des populations et de répondre à la crise écologique ».

Ils ont depuis été rejoints par d'autres organisations : le Syndicat de la magistrature ; le Syndicat des avocats de France ; Droit au logement ; ...

⊃ L'indépassable dépendance de l'activité humaine à l'environnement

C'est aussi un rappel opéré par la crise du covid et de l'arrêt de l'économie qui en a résulté, à savoir que *les entreprises sont mortelles !*

Et avec elles, les espérances de pans entiers de la société, celles : des entrepreneurs ; des travailleurs indépendants ; des agriculteurs ; des salariés ; ...

⊃ Un rapport de l'ONU recommande la prise en compte de l'impact sur l'environnement « pour évaluer le développement d'un pays »

(Source : ONU info. « Un véritable développement humain exige de travailler avec et non contre la nature PNUD » – 15/12/2020. News.un.org/fr)

4. Des aspirations fortes, à la fois environnementales, sociales et éthiques

La transition écologique est aussi une réalité dans les esprits. Et il faut prendre le pouls de la société pour y voir *un changement d'époque*. Aussi bien par le souhait de donner du sens à sa consommation, qu'à son travail.

1.4.1. Du sens et de l'éthique dans la consommation

Les consommateurs ne sont plus tout à fait les mêmes qu'auparavant. Leurs attentes ont évolués. Ce n'est pas que le prix ait cessé de les intéresser, c'est surtout qu'ils ont aujourd'hui *le souhait d'une consommation durable.*

Quelles sont alors les caractéristiques de ces nouveaux éco-consocitoyens ?

Déjà, celle que les français sont 78% à souhaiter que l'écologie et la protection de l'environnement, soient une priorité du gouvernement qui a bien entendu le pouvoir d'encadrer les productions. (*Source : Sondage IFOP du 03/09/2018*)

Mais ils ont aussi des attentes à l'égard des marques. Ils sont en effet 56% à penser que les consommateurs sont les plus à même de faire évoluer la société, en imposant leurs souhaits. (*Source : Baromètre Contributing, Agence W et l'Institut CSA, juin 2020*)

Les consommateurs sont ainsi devenus un acteur clé de la transition écologique, auxquels les entreprises doivent désormais s'adapter, à travers des réalisations concrètes.

Car les consommateurs ne veulent pas seulement se contenter de paroles. *Ils veulent des « preuves » bien réelles de l'engagement responsable des Marques !*

1.4.2. Du sens et de l'éthique dans les choix professionnels

Il va bien sûr de soi que les consommateurs sont aussi des travailleurs et là aussi, ils ont le souhait de vivre autre chose. Notamment *une amélioration des expériences de travail, pour qu'elles aient du sens et qu'elles soient éthiques.*

C'est un sentiment particulièrement présent chez les jeunes diplômés, dont les attentes préfigurent toujours les évolutions du travail de demain.

En quête de sens et d'éthique, 50% des étudiants sont ainsi intéressés par les métiers : du Développement Durable ; de la Responsabilité Sociale des Entreprises et de l'Economie Sociale et Solidaire. (*Source : 4éme étude du Palmarès des meilleurs employeurs : Institut Statista et Magazine Capital*)

Et pour *1 jeune sur 3, la culture écologique d'une entreprise est un critère de choix essentiel d'un employeur.* Ce qu'ils ne veulent pas, c'est devoir endurer des emplois qui les privent de la simple estime de soi. Ou devoir travailler dans des organisations insipides, qui provoquent toujours à moment donné de l'ennui au travail. Un mal qui naît surtout d'un sentiment d'inutilité pour soi ou pour autrui.

Globalement, les jeunes diplômés :

- Font ainsi preuve d'un certain niveau d'exigence et n'acceptent pas les premières opportunités qui leur sont proposées
- Sont clairement plus éco-centrés que leurs aînés et rejettent les organisations qui nuisent à l'environnement
- Attendent de la flexibilité dans leur rythme de travail
- Souhaitent un équilibre vie privé-vie professionnelle et plébiscitent : le télétravail ; le coworking et toutes les formes de travail nomade
- Accordent une importance particulière à l'ambiance de travail,

à un contexte de confiance et de bienveillance
- S'opposent au moins disant social

5. L'importance accordée aux territoires dans la transition écologique

Si comme nous l'avons vu dans la prise de conscience des enjeux écologiques, l'Etat a acté dans sa stratégie, des objectifs ciblant le développement des territoires, c'est en partie parce que s'y trouve une part de la résolution des problématiques de transition.

C'est en effet au plus près du terrain, à hauteur d'homme – *région ; département ; ville ou village* - que les difficultés sont les plus palpables et que les habitants éprouvent directement les défis : climatiques ; environnementaux ; sociaux et bien sûr économiques.

1.5.1. Exemples de difficultés éprouvées au niveau des territoires

⊃ **Le maintien d'une cohérence des territoires ou de la solidarité des territoires**, afin d'éviter les fractures ou les disparités entre « métropoles » et territoires ruraux. Ou entre régions concentrant sur leur sol de trop fortes activités économiques, drainant ainsi les capacités de développement des autres territoires. Les enfermant dès lors dans des images dégradées et peu attractives, ou peu valorisantes.

⊃ **La trop forte dépendance des territoires agricoles de filières mondialisées** : prix se déterminant à l'étranger ; absence d'usines de transformation ; ... , qui enferme dans *un mode de production conventionnel et peu rentable.*

⊃ **La renaturation ou désimperméabilisation des aménagements urbains et routiers**, qui fait tant de ravages lors d'événements météorologiques de grandes ampleurs.

⊃ **L'hyperspécialisation des tissus économiques locaux,** qui entrave la diversification économique et la captation de nouveaux talents. Et au bout du compte, le développement des territoires et une meilleure prise en compte des enjeux écologiques.

1.5.2. Exemples d'expériences de résolution entreprises sur les territoires

⊃ **Le développement de la conteneurisation,** avec des bornes d'apports volontaires, pour trier, limiter la quantité de déchets et l'enfouissement. (*Cas de la Communauté d'Agglomération du Grand Villeneuvois – Département du Lot-et-Garonne*)

⊃ **La réhabilitation des bâtiments publics pour les rendre économes et producteurs d'énergie :**
panneaux photovoltaïques ; pompes à chaleur ; éclairage LED ; ...
Les impératifs étaient ici de maintenir la cohérence historique – *château féodal ; église du gothique flamboyant* ... – patrimoniale et les perspectives paysagères. (*Cas de la Commune rurale de Fressin – Département du Pas de Calais*)

⊃ **Installation sur 84 communes de dispositifs d'extinction automatique des éclairages publics en milieu de nuit**
Soit 13864 points lumineux, pour une économie énergétique de 45% et une économie financière de 36%. (*Cas du Parc Naturel Régional des Volcans d'Auvergne*)

⊃ **Implication des citoyens dans la renaturation de leur quartier à Strasbourg :** pour désimperméabiliser les sols , réintroduire du lien social ; revégétaliser la ville ; ... (*Source : CEREMA, établissement public d'accompagnement des politiques publiques pour la transition écologique des territoires*). Ou encore : travaux destinés à faciliter l'infiltration et le réemploi des eaux pluviales à Marseille.

Chapitre 2

Enjeux et domaines d'expression des talents pour une croissance responsable

POUR nous prémunir contre tout ce qui nous menace, ou pour faire évoluer tout ce qui mérite de l'être, on peut certes miser : sur les nouvelles technologies ; les engagements internationaux ; les stratégies nationales ou les nouveaux modèles de production.

Mais ce serait toutefois oublier un peu facilement, que derrière chaque innovation, ou chaque aménagement, se trouvent toujours des hommes ou des femmes !
Ce sont eux qui au premier chef, par leur motivation, par leurs expertises, par leurs comportements ou par leur créativité, permettent seuls d'envisager une transition écologique réussie, dans laquelle le mot « responsabilité » ne soit pas du pur affichage.

Sur quels enjeux, ou dans quels domaines, peuvent-ils alors envisager de déployer leur énergie ? Ou bien s'orienter professionnellement, s'ils sont étudiants, ou en reconversion, pour donner du sens à leur travail ?

Le panorama des défis et des évolutions que nous avons précédemment dressé, nous donne une assez bonne idée de ces domaines ou de ces enjeux, sur lesquels travailler.

Nous vous proposons ici la présentation de 11 d'entre eux.

1. La démonstration de l'engagement responsable des organisations

Une économie responsable, c'est avant tout des entreprises qui s'engagent sur des questions de fond :

- La révision de leurs priorités !
- De celles de leurs modalités de conception ! Et de production !
- Et de leur rôle dans la société !

Ainsi pour mettre des concepts sur ce qu'est une économie responsable au niveau d'une entreprise marchande, on peut dire qu'elle est pour celle-ci une affaire : de RSE ; de contributing et d'engagements.

C'est-à-dire des domaines de travail, sur lesquels les talents sont conviés : pour imaginer des choses nouvelles ; pour entreprendre des projets ; pour sentir les tendances ; pour s'affranchir des modes managériales anciennes, ou de celles des approches marchandes conventionnelles ; pour formuler des engagements afin de se différencier et d'affirmer des valeurs ; etc.

2.1.1. Repenser l'approche marchande face à des consommateurs responsables et citoyens et le faire savoir

La responsabilité ce n'est évidemment pas que des mots. Il faut bien entendu rendre visible, ce en quoi l'esprit d'une entreprise diffère de celui des autres. Et du point de vue économique ou commercial, cela passe par la réinvention de l'approche marchande. Ou pour le dire autrement, par *la refondation du rapport : Producteur – Consommateur.*

Nous avons déjà dit à propos de ces derniers, qu'ils sont en demande de sens et d'éthique dans leurs consommations et qu'ils réorientent en conséquence, leurs achats.

Cette tendance s'est d'ailleurs accentuée durant le confinement du printemps 2020, au cours de la crise du covid.

Leurs exigences à l'égard des marques se font ainsi plus fortes.

L'étude que nous avions citée plus haut, opérée par l'Agence W et l'Institut CSA de juin 2020, montre que *pour que les consommateurs aient confiance en une marque, ceux-ci privilégient :*

- *Le Made in France* (55% des personnes interrogées)
- *La transparence des informations communiquées* (53%)
- *Le lieu de production du producteur* (51%)

Au-delà de la question de confiance, ils sont aussi attentifs *à la contribution qu'apportent les entreprises aux enjeux de société.* Comme les questions écologiques. Mais aussi comme les questions humaines.

Ils sont ainsi attentifs au respect des normes RH des Marques à l'égard de leurs salariés, ou de ceux de leurs sous-traitants. Et 97% des consommateurs, expriment qu'ils envisageraient de boycotter les entreprises qui auraient de mauvaises pratiques environnementales et sociales.

Ils attendent donc de manière générale de la part des Marques, qu'elles adoptent des pratiques respectueuses. Pas uniquement donc, dans la conception des produits, mais aussi sur le large spectre des enjeux sociétaux.

On est ainsi passé du marketing, qui espérait façonner le comportement des consommateurs, au « Contributing », appelé à tenir une place de choix dans les stratégies commerciales des entreprises. Puisqu'il les mène à *revoir la globalité de leurs pratiques et à offrir davantage de proximité et d'éthique.*

Toutefois, pour souligner l'ampleur du chemin qu'il reste aux entreprises à parcourir en la matière, il faut noter que la moitié des consommateurs sont incapables de citer le nom d'une Marque qui s'engage !

2.1.2. Redéfinir la place de l'entreprise au sein de la société

Pour s'affirmer responsable, il faut savoir rendre des comptes ! C'est-à-dire en apporter la preuve et le faire savoir.

Ainsi chaque action ou chaque agissement entrepris en ce sens, contribue à apporter une pierre à la réinvention de la place des entreprises, au sein d'une société en prise aux défis et aux crises qui s'accumulent.

On peut ici mentionner les exemples suivants qui redéfinissent la place de l'entreprise au sein de la société. Celui de la création de fonds dédiés. Celui de la signature « d'engagements pour la croissance verte ». Et enfin celui de la formulation d'une raison d'être.

⊃ La création de fonds dédiés

Le cas Unilever – *géant de l'industrie agro-alimentaire* – qui s'est engagé à doter un fond dédié au climat et à la nature, à hauteur d'un milliard d'euros. Ce fond a ainsi pour vocation, de soutenir des projets de restauration des paysages, la reforestation, la fixation du carbone et la protection de la faune et de l'eau.

Toujours chez Unilever, la marque Carte d'Or agit en partenariat avec la Coopérative AGRIAL – *12500 adhérents représentant 22000 salariés* - soutenant les agriculteurs sur le volet Bien-Etre au travail et le respect de l'environnement.

Le cas Danone, qui a aussi créé un fond en 2008, en partenariat avec la « Convention sur les zones humides » et « l'Union Internationale pour la conservation de la nature ».

Baptisé aujourd'hui LIVELIHOODS, ce fond d'investissement a vocation à identifier, concevoir et accompagner les communautés agricoles et rurales, dans le respect des écosystèmes naturels et pour la sécurité alimentaire.

Le cas du Groupe L'Oréal, qui multiplie l'allocation de ressources à des projets sociétaux :

- 100 millions d'euros dédiés à la restauration d'écosystèmes dégradés. Marins ou forestiers.
- 50 millions dédiés à l'accompagnement des femmes en grande vulnérabilité : précarité ; insertion ou victimes de violences
- 50 millions d'euros aussi, pour financer des projets innovants dans le domaine du recyclage et de la gestion des déchets plastiques

⊃ Les « Engagements pour la croissance verte »

Les engagements pour la croissance verte, sont le résultat de discussions entre les services de l'Etat et les fédérations professionnelles, pour structurer des projets innovants en matière de transition écologique.

Parmi les projets innovants ayant fait l'objet d'une contractualisation avec l'Etat, on peut citer :

- La valorisation des déchets de bois issus du bâtiment en cimenterie
- Le recyclage des déchets de plâtre
- La valorisation du rechapage pour l'allongement de la durée de vie des pneumatiques de poids lourds
- Etc.

(Source : ecologie.gouv.fr/ engagements-croissance-verte)

⊃ Le choix d'une raison d'être

Pour redéfinir leur place dans la société, les entreprises ont depuis la loi Pacte de 2019, la possibilité d'inclure dans leurs statuts « une raison d'être », dont la formulation consacre les engagements qu'elles entendent prendre au titre la RSE.

Par exemple :

- Danone, parle de « souveraineté alimentaire »
- Michelin, s'est engagé à « offrir à chacun une nouvelle façon d'avancer »
- Nutriset, souhaite « apporter des propositions efficaces, aux problématiques de dénutrition/malnutrition des enfants »
- Carrefour, s'inscrit dans un « enjeu de transition alimentaire pour tous »

2. Un prix juste et équitable

Dans la continuité de la redéfinition des approches marchandes, se pose aussi un enjeu à propos de la *contrepartie des efforts réalisés.* C'est en effet sur la justice de cette contrepartie, que repose une part de la résolution des difficultés de conversion à des pratiques responsables. Autant du point de vue environnemental que social.

Il faut bien voir que *derrière la question bien légitime d'un prix juste et équitable, se trouve en fait celle de la « Mise en capacité ».* Celle d'entreprendre et de pouvoir en vivre. Celle de refonder les modèles de production. Ou simplement de pouvoir s'affranchir des nuisances des modèles conventionnels et du moins disant social.

Le prix des produits est en effet la pierre angulaire, sur lequel repose le financement de l'amélioration des procédés et des équipements professionnels d'une part. Et de revenu équitable et décent des petits producteurs ou des salariés, leur permettant d'opérer ou non, de meilleurs choix de consommation et de s'accomplir de l'autre.

2.2.1. *Evacuer les nuisances du commerce conventionnel*

Pour avoir une idée des *nuisances du commerce conventionnel*, on peut en dire qu'il a bien souvent été lié : à une dépendance à des systèmes mondialisés, caractérisés par la *fixation lointaine des prix* – *notamment agricoles*. A du *moins disant social* garantissant des prix bas. Et à une *facilité à s'abstraire des règles sociales et environnementales*.

Non pas du fait de la mondialisation elle-même, mais de celui d'une absence d'éthique, ou de la méconnaissance des publics des nuisances commises.

Comme celles déjà bien connues :

- Des injustices commises envers les travailleurs : piètres conditions de travail ; absence de sécurité ; précarité imposée ; ...
- Des coups portées à la nature : pollution ; surexploitation ; ...
- De la ruine des petits producteurs
- De l'atteinte à la diversité des espèces cultivées au profit d'une standardisation
- De l'impossibilité d'entreprendre à cause d'une trop faible rentabilité connue à l'avance
- Etc.

2.2.2. *Garantir un revenu juste et équitable*

La pratique du commerce équitable n'est pas nouvelle et nous en sommes tous familier depuis la création du label Max Havelaar en 1988.

Mais son intérêt est aujourd'hui renforcé par l'émergence d'éco-conso-citoyens, dont les aspirations obligent les entreprises à revoir leurs approches marchandes, pour offrir :

- De la proximité
- De la transparence
- Des engagements et un affichage de valeurs
- Le respect des normes sociales. Notamment RH
- Etc.

Le commerce équitable n'est d'ailleurs pas réservé aux pays défavorisés. C'est aussi un modèle dont peuvent bénéficier les entreprises françaises sur le territoire national.

Il y a ainsi **une forte progression du commerce équitable « Origine France »**, qui témoigne de l'appétence pour ce modèle économique, dont les recettes ont triplé entre 2015 et 2018.
Elles représentaient alors 434 millions d'euros, dont la moitié résultait des produits labellisés bio.

Il faut toutefois garder à l'esprit, que les enjeux autour du commerce équitable ne se limitent pas à la question des recettes.
C'est aussi une affaire :

- De mise en capacité
- De rendre les négociations marchandes plus équilibrées
- De meilleures pratiques écologiques
- De sens du travail réalisé
- Et de **motif de fierté pour ceux dont le travail est reconnu à sa juste valeur**

3. L'éco-conception et l'économie circulaire

Le rapport de la Banque Mondiale, dont les conclusions alertent sur l'accumulation des déchets à l'horizon 2050 – *3,4 milliards de tonnes* - a de quoi faire frémir sur les catastrophes sanitaires et environnementales à redouter !

Composés : d'emballages ; de plastiques ; de matières organiques ; de rebus industriels ou de construction ; ... , l'ampleur de cette masse qui est aujourd'hui déjà considérable – *322 millions de tonnes en France pour 2016 selon le Commissariat général au Développement Durable* - démontre rudement le peu de cas qui est fait de ces matières.
Et rappelle cruellement le manque « d'intelligence » mise à traiter ce problème !!
Elle fait en effet largement défaut pour l'heure, autant dans l'anticipation – *l'écoconception* – que dans l'utilisation de ces déchets – *l'économie circulaire et les possibilités de réemploi.*

Et il est vrai que l'on peine à percevoir où se situe l'intelligence de démarches de production, présentées comme raisonnées ou optimisées, lorsque leurs concepteurs ferment les yeux sur les rebus, les gaspillages ou les pollutions qu'ils génèrent.
Il en a pourtant été ainsi durant des décennies, alors même qu'existent autour de la question des déchets, de véritables opportunités :

- De partenariats
- D'innovations
- De valorisation
- Ou d'imagination de nouveaux modèles économiques

2.3.1. La gestion et la valorisation des ressources

Abordé sous l'angle des déchets, il est vrai que cet enjeu se pose davantage en termes de « ressources » qu'il convient de gérer et de valoriser.

Une étude menée en 2015 a ainsi estimé qu'une meilleure utilisation des moyens de production au niveau européen, pourrait générée jusqu'à 1800 billions de bénéfices économiques nets en 2030. (*Source : rapport sur l'opportunité d'économie circulaire de l'Europe 01/09/2015 – mckinsey.com*)

Il n'est donc plus temps de parler de recyclage des déchets, car nous sommes passés aujourd'hui à un autre niveau. Celui d'une économie circulaire, qui soulève des questions et des travaux stratégiques :

- Sur la dépendance vis-à-vis de matières primaires massivement importées
- Sur les technologies de valorisation des ressources. Comme les Combustibles Solides de Récupération constitués à partir de déchets
- Sur la gestion collective et les synergies industrielles et territoriales permettant de massifier les déchets pour rentabiliser leur exploitation
- Sur la consommation durable et donc sur le cycle de vie des produits et les nouveaux modèles économiques
- Sur la vocation ou sur la mission que les entreprises se proposent de remplir
- Sur les chaînes de valeurs mondialisées et l'intérêt pour les entreprises d'avoir recours à des sous-traitants n'ayant aucune pratique responsable
- Sur l'internalisation des contraintes environnementales
- Etc.

2.3.2. De nouveaux modèles économiques

Ces nouveaux modèles sont une manière d'apporter une réponse, aux aspirations sociales d'une consommation plus durable. Ils font ainsi la part belle : à l'écoconception ; à l'économie de fonctionnalités et s'accompagnent de nouveaux modèles d'entreprises.

⊃ L'éco-conception

C'est une démarche – *enfin réellement raisonnée* – des produits de consommation, qui cherche à limiter les impacts environnementaux et sociaux, tout au long du cycle de vie du produit.

On se penche ici :

- Sur la facilitation du désassemblage
- Sur la facilité du broyage
- Sur la réparabilité
- Sur le tri des matières et leur valorisation
- Sur les synergies industrielles

⊃ L'économie de fonctionnalités

C'est une façon de simplifier les produits mis sur le marché, pour qu'ils correspondent aux besoins réels des clients. Sans y ajouter des fonctionnalités inutiles et coûteuses, dont ils ne se servent en réalité jamais.

En étant ainsi plus simples et moins techniques, c'est en même temps leur réparabilité qui est améliorée. Ne serait-ce que parce qu'il est alors plus facile d'obtenir des pièces de rechange.

C'est un mode de réflexion qui n'est d'ailleurs pas sans rappeler « *l'innovation frugale* », qui est une démarche de conception simple et qui utilise le moins possible de ressources, pour être le plus rapidement proposée au marché.

Et qui rappelle également le « *design thinking* » développé par Tim BROWN dans son ouvrage « L'esprit design », qui se concentre sur l'ensemble de l'expérience vécue par le client.

⊃ L'imagination de nouveaux modèles d'entreprises

On peut ici citer deux exemples d'illustration du potentiel entrepreneurial de l'économie circulaire, basés sur la recherche de synergies.

D'une part la société allemande Kaffeform, qui collecte le marc de café auprès des entreprises dotées de distributeurs. Et qui transforme cette matière pour fabriquer des tasses et leurs soucoupes, parfaitement biodégradables et réutilisables. (*Source : Kaffeform.com*)

D'autre part le partenariat établi entre la société BIC, les magasins Leclerc et l'entreprise PlasEco. Ils se sont tous trois organisés pour collecter les stylos usagés, dont la matière une fois broyée, sert à la fabrication de mobiliers d'extérieur : jardinières ; bancs ; ... et qui sont eux-mêmes réemployables.
(*Source : plaseco.fr*)

4. La revitalisation et la résilience des territoires

Les responsables territoriaux l'ont bien compris, c'est à leur niveau que se joue une bonne part de la réussite d'une économie responsable.

La déclaration de l'ADT-INET – *Association des Dirigeants Territoriaux et anciens de l'Institut des Etudes Territoriales* – de 2020, est assez claire sur leur vision du rôle à jouer par les territoires :

« ... nous ne pouvons attendre que les organismes internationaux et les Etats aient posé le cadre de l'impulsion. Alors le virage ne pourra venir que des territoires ».

Dès lors, le besoins d'individus compétents, de talent et dotés d'une vision *pour orienter et utiliser l'investissement public à travers des chantiers structurants*, est essentiel pour écrire de nouveaux récits.

2.4.1. Les nouveaux récits territoriaux

Nous avons vu dans le premier chapitre, quelques exemples des défis qui s'imposent aux territoires et avons aussi mentionné quelques exemples, de la façon dont s'opèrent sur les territoires, des transformations bien concrètes : réhabilitation de bâtiments publics pour les rendre énergétiquement neutres ; implication des citoyens ; ...

L'enjeu n'est toutefois pas d'entreprendre des projets épars, mais de les lier entre-eux pour qu'ils fassent sens. Et qu'ils contribuent à dessiner une nouvelle vision, cohérente et positive, d'un territoire. Notamment si celui-ci a eu à subir : des difficultés ; des échecs ; s'il est perçu comme peu attractif ; etc.

Ce qui ainsi recherché, c'est tout bonnement :

- *D'édifier de nouvelles identités de territoires*
- De *réorienter les économies locales*
- De *capter les aspirations citoyennes*
- De *reterritorialiser les activités* pour reconnecter Producteurs et Consommateurs : circuits courts ; ...
- De *construire une acceptabilité* autour de projets innovants
- De *développer l'autonomie énergétique*
- Et *d'améliorer « la qualité du cadre de vie »* des citoyens

2.4.2. Entreprendre des chantiers structurants pour de nouvelles identités territoriales

Parmi ce qui peut être structurant d'une identité de territoire, se trouve la réalisation de projets très divers, dont se fait régulièrement l'écho la presse spécialisée – *la Gazette des Communes par exemple*.

Pour entrevoir les compétences et les talents qui y sont nécessaires, on peut ici citer quelques types de projets.

➲ Les chantiers urbanistiques intégrant des aspects durables et sociétaux

Ce sont toutes les initiatives qui visent à « *réinventer la ville* » : les villes intelligentes appuyées sur le numérique – *smart city* ; les éco-villages ; les éco-hameaux ; ...

Ils sont appelés : à accorder une place plus importante à la nature - *toits végétalisés ; agriculture urbaine ;* ... ; à penser l'intermodalité de transport ; à développer l'autonomie énergétique ; à créer de l'interopérabilité entre les bâtiments ; ...

⊃ Les chantiers de réduction de l'impact environnemental
C'est le domaine de l'*Ecologie Industrielle et Territoriale (ETI)*, qui intègre une approche globale du développement durable d'une entreprise et/ou d'une collectivité. Il fait également sien, les principes de l'économie circulaire.

⊃ Les chantiers dédiés à la sécurité alimentaire durable
Ce sont les « *Projets Alimentaires Territoriaux* » prévus dans la « loi d'avenir pour l'agriculture, l'alimentation et la forêt – 13/10/2004, qui ambitionnent un changement de modèle à l'échelle d'un territoire.

Ils reposent en particulier :

- Sur la diversification des espèces cultivées
- Sur la réduction des intrants de synthèse
- Sur la bio-économie circulaire
- Sur les circuits courts
- Sur l'émancipation des filières mondialisées
- Sur la valorisation du patrimoine
- Etc.

(*Source : agriculture.gouv.fr/ comment construire son projet alimentaire territorial*)

⊃ Les chantiers de revalorisation des friches industrielles, administratives, commerciales et patrimoniales dégradées
Ces friches constituent souvent des paysages qui soulèvent du rejet et entravent : le souhait de s'installer ; de faire du tourisme ; d'entreprendre ; ...

Ces chantiers de revalorisation cherchent alors à recréer une attractivité qui fait défaut. Mais aussi à *redresser la fierté de vivre dans ces territoires.*

5. Des expériences de travail attractives et valorisantes

La réinvention des expériences de travail n'est pas l'enjeu auquel l'on pense spontanément, lorsqu'on aborde le thème de l'économie durable. Elle est pourtant nous semble-t-il, une obligation pour sa consécration.

Ce n'est en effet pas la moindre des alertes, que de voir les dirigeants, les responsables d'unités et les responsables RH, se plaindre à l'unisson, d'avoir de plus en plus de difficultés à attirer et à conserver les jeunes potentiels.
Plus écocentrés que leurs aînés. Moins attirés par le salaire ou par les avantages matériels - *tickets restaurants ;* ... – que par les questions de sens, *ils ont collectivement acté le choix d'un changement dans les manières de travailler.* Et pour choisir un emploi, ils sont aujourd'hui vigilants :

- Sur la justice organisationnelle d'une entreprise
- Sur l'accompagnement RH qui leur est proposé
- Sur la qualité du climat de travail qui y règne
- Sur les interactions sociales qui s'y déroulent
- Sur la flexibilité du rythme de travail
- *Sur la culture écologique de l'entreprise !*
- Etc.

C'est donc un enjeu primordial pour les entreprises, que d'être capable de proposer des expériences de travail attractives et valorisantes, qui leur garantissent de détenir les hommes et les femmes nécessaires à leur adaptation !

2.5.1. Créer des Marques Employeur fiables et d'avenir

Pour assurer la continuité de leurs activités et plus encore pour opérer leur transition écologique et en porter les chantiers, les organisations publiques et privés ont besoin de travailleurs qualifiés, bien formés et hautement motivés !

Par exemple pour rejoindre les éco-industries, ou pour imaginer des projets de territoire.

Mais pour attirer ces travailleurs, encore faut-il que les organisations soient dotées d'une Marque Employeur fiable, d'avenir et attractive.

La Marque Employeur, lorsqu'elle est positive, est d'ailleurs en soi la preuve d'un engagement sociétal, puisqu'elle répond ainsi aux aspirations sociales et d'éthique des populations.

2.5.2. Formuler une promesse employeur qui engage les salariés

Aujourd'hui le travail pour le travail n'est plus une fin en soi. Un jeune français sur deux refuse de s'engager à long terme et leur engagement est devenu conditionnel au respect de leurs attentes :

- Une reconnaissance rapide de leur investissement personnel
- Une assistance réelle dans la prise de fonction et de son déroulé : tuilage de poste ; ressources pédagogiques et décisionnelles ; ...
- Une souplesse et de la flexibilité dans les contenus d'emploi
- Une participation à des projets renouvelés
- Etc.

Et pour obtenir l'emploi auquel ils aspirent, ils n'hésitent pas à comparer les organisations entres-elles.

Il y a donc en conséquence *une véritable concurrence entre organisation en matière de recrutement*, dont les dirigeants n'ont pas toujours conscience. Et qui les mène à se doter d'une Marque Employeur fiable et attractive. Avec en son cœur *la formulation d'une « promesse employeur », qui est ce que peut espérer vivre une personne en rejoignant une organisation.*

C'est sur cette promesse que sont alors bâtis le style de management et les services RH d'accompagnement, qui font la singularité – *la marque* - d'une organisation.

6. La production et le partage des connaissances et des initiatives de terrain

Pour chacune des réalisations contributives d'une croissance responsable, il est évidemment nécessaire avant d'agir, de savoir !
A la fois *pour s'inspirer, pour reproduire ou pour anticiper.*

Il y a donc un impératif autour de la production et du partage de connaissances et des initiatives qui s'expérimentent sur le terrain. A la condition bien entendu, qu'elles ne relèvent pas des secrets de fabrication.

2.6.1. Produire et diffuser les connaissances et les initiatives

Il s'agit là encore d'un levier de transition qui relève – *tout comme un prix juste et équitable* – d'une « mise en capacité ».
Par exemple : pour réinventer les modèles de production ; pour repenser les modèles organisationnels ; ou pour faire évoluer les comportements professionnels.

En effet pour opérer des changements, encore faut-il avoir fait les efforts nécessaires à produire des connaissances et à les diffuser rapidement.

Pour illustrer ces besoins, on peut ici penser à tout ce qui relève de l'innovation technologique et technique, qui supporte les nouvelles dynamiques sectorielles que nous avons évoqué en partie introductive – *les éco activités.*

On peut aussi penser à l'évolution des pratiques métiers. Ou pour la création des métiers de demain pour la croissance verte. Car la **transition écologique est avant tout une transition professionnelle.**

On peut encore naturellement penser aux travaux de recherche sur les secteurs d'avenir. Comme par exemple sur l'agriculture biologique, sur laquelle on manque de connaissances et de données : sur les maladies et risques professionnels par exemple.

Mais on aurait tort de réduire cet enjeu aux seuls travaux des professionnels du savoir : chercheurs ; ingénieurs ; ...

Tout un chacun dès lors qu'il est créatif et visionnaire, peut-être à son niveau porteur d'idées ou d'innovations utiles à autrui.
C'est le propre de l'innovation de terrain. Ou de l'expérimentation faite au sein des territoires, qui même lorsqu'elles peuvent sembler modestes, n'en sont pas moins des actions de changement.

2.6.2. Intrapreneuriat et repérage des idées vertueuses

L'intrapreneuriat – *dispositif interne à une organisation favorisant l'expérimentation libre de ses salariés* – est l'une des voies possibles, pour favoriser les initiatives responsables. Pour peu du moins, que leur soient fixés des objectifs écologiques, ou durables.

Pour illustrer cela, on peut ici rapporter l'innovation imaginée par deux agents techniques de la Commune de Laniscat – *830 habitants dans les Côtes d'Armor.*
(Source : Lien horticole n°306 – novembre 2014)

54

Ils ont tous deux imaginé avec le soutien de leur Maire, une solution destinée à leur faciliter le travail de désherbage, sans utiliser de produits phytosanitaires. Récompensés en 2013 par le Conseil Régional de Bretagne par la remise du prix « Zéro Phyto », cette notoriété a permis à cette innovation d'être repérée par d'autres communes, qui l'ont à leur tour mise en pratique.

Pour aller plus loin dans l'analyse, on voit bien qu'il y a ici une double nécessité.

Celle d'abord de la création de dispositifs d'intrapreneuriat, qui sont d'ailleurs en même temps une façon de revaloriser les expériences de travail et la Marque Employeur d'une organisation.

Il en est ainsi chez le Groupe Bouygues, qui invite ses salariés à développer leurs idées autour de préoccupations RSE :

- Changement dans les façons de travailler
- Raréfaction des ressources et précarité énergétique
- Etc.

Celle ensuite, de l'instauration de systèmes de veille et de partage de savoirs ou d'idées les plus vertueuses, pour leur permettre de se diffuser le plus rapidement possible.

Comme par exemple au travers des Communautés de Pratiques locales, les GIEE (Groupement d'Intérêt Economique et Environnemental) crées par l'Etat en 2014, pour permettre aux agriculteurs de co-expérimenter et de créer des synergies.

7. L'innovation organisationnelle

Lorsque l'on reprend la liste des éléments que nous avons déjà développés – *révision des approches marchandes ; engagements des organisations ; amélioration des expériences de travail ;* ... – on réalise aisément, que *la croissance verte repose sur des modèles organisationnels d'un nouveau genre* :

- Plus à l'écoute de ses parties prenantes
- Plus épanouissante pour ses salariés
- Plus juste dans la reconnaissance des efforts
- Plus éthique et solidaire ou citoyenne
- Etc.

2.7.1. Des organisations d'un nouveau genre

En intégrant dans leur fonctionnement : des dispositifs RSE ; des dispositifs d'intrapreneuriat ; en intégrant des engagements responsables ; ... , les organisations bougent sur leurs fondamentaux. Plus centrées sur l'humain, sur l'agilité et le sociétal, elles cherchent ainsi à s'ancrer dans l'époque pour ne pas disparaître.

Se voulant moins court-termistes et moins individualistes, elles cherchent aussi à développer des synergies.
Comme le partage d'infrastructures, ou par la mutualisation des moyens.
C'est d'ailleurs l'un des rôles de l'Ecologie Industrielle et Territoriale dont nous avons déjà fait mention.

Mais à côté de ces évolutions qui réinventent les modèles organisationnels marchands – *peut-être aussi les organisations publiques qui ne restent pas en retrait* – apparaissent aussi des organisations qui portent en elles des aspects solidaires et citoyens affirmés.

Comme par exemple :

⊃ **Terre de liens,**

qui est un mouvement citoyen français, habilité à recevoir des dons pour acheter des terres, afin d'en faciliter l'accès à des agriculteurs souhaitant s'installer en agriculture biologique ou raisonnée. Elle s'appuie ainsi sur « *la finance éthique* », *pour accompagner le développement rural* et participe donc aussi à redresser les récits de territoire.

⊃ **Enercoop,**

qui est un fournisseur d'électricité verte, fonctionnant sur *un réseau de producteurs, de PME et de collectivités locales*, réunis en coopérative.

Fonctionnant sous le statut SCIS (Société Coopérative d'Intérêt Collectif), *Enercoop s'inscrit dans le courant de l'Economie Sociale et Solidaire.*

2.7.2. Mobiliser tous les talents pour une économie de rupture

Ce que dessinent assurément toutes ces organisations d'un nouveau genre, c'est une ère de rupture d'avec les anciennes façons de travailler et de consommer la nature.

Et pour y parvenir, aucune sphère de l'activité humaine ne peut être laissée de côté, puisque pour bâtir une économie responsable, c'est l'ensemble des talents qui sont mobilisés pour rompre avec le passé.

C'est donc toute la diversité des talents, sans n'en exclure aucun, qui sont conviés à s'exprimer :

. Les avant gardistes visionnaires
- Les porteurs de projet
- Les initiateurs d'expérimentations territoriales et locales
- Les agriculteurs innovants à travers les « farmtechs » - *start ups du monde agricole*

- Les entrepreneurs solidaires – *comme Enercoop*
- Les bénévoles dans les sphères écologiques et sociales
- Les dirigeants et responsables RH ou RSE, pour réinventer les façons de travailler
- Les transféreurs de savoirs, si utiles pour changer les comportements et transformer les esprits
- Les chercheurs et les ingénieurs pour produire des connaissances
- Etc.

8. La formation et l'éducation

Toutes les espérances autour de la croissance verte pour se prémunir contre les crises et les dangers qui nous menacent, mais sans perdre en qualité de vie, reposent en bonne part sur l'éducation des jeunes esprits et sur la formation professionnelle.

Ce sont en effet deux enjeux essentiels, pour mener les ruptures nécessaires à une économie responsable.

2.8.1. L'éducation et l'évolution des représentions mentales

L'évolution des modes de vie est comme toujours, tributaire de celles des représentations mentales.

A ce titre et pour les faire évoluer, l'éducation est un levier majeur de la transition écologique, car *il ne peut pas y avoir de changement des modes de vie général, sans une approche éducative massive !*

Mais pour permettre à chacun de savoir agir, ces programmes d'éducation ne doivent pas se contenter de sensibiliser sur l'urgence et l'étendu des changements. Ils doivent aussi coordonner les disciplines – *histoire ; géographie ; économie ; ...* – les acteurs et les producteurs de savoirs ou de ressources pédagogiques.

Il n'est donc pas exagérer de dire qu'il y faille des gens de talents, si l'on souhaite réellement guider et armer intellectuellement les jeunes générations, pour relever les défis qui les attendent.

On peut d'ailleurs ici penser au programme : « La plus grande leçon du monde », entreprise par l'ONU et l'UNICEF, à destination d'enfants de 8 à 14 ans, pour sensibiliser aux Objectifs du Développement Durable adoptés par les Nations Unis en 2015.

Et nous avons déjà évoqué les expériences du réseau d'enseignants « Bâtisseurs de possibles ». Ainsi que les « Savanturiers », un programme d'apprentissage pour permettre aux enfants, de développer *leur sens de la coopération* au travers de projets de classe. Comme par exemple : « La boîte à outils : justice climatiques ». (*Source : les-savanturiers.cri-paris.org*)

2.8.2. Développer le savoir agir des professionnels et des entrepreneurs de demain

A côté de l'éducation des plus jeunes, les organismes de la formation professionnelle – *universités ; laboratoires d'idées ou de recherche ;* ... – ont aussi un rôle à jouer pour permettre aux talents d'agir pour la croissance verte. Ou pour préparer aux métiers de demain.

Comme par exemple *à travers la création des initiatives partenariales suivantes, toutes axées sur le « savoir agir »*.

⊃ **Le programme « The Biopolis »**,
né d'un partenariat d'apprentissage entre : Harvard Summer School ; le Centre de Recherche Interdisciplinaire (CRI) ; Sciences Po ; la Ville de Paris ; ...
Il a pour vocation de faire émerger des solutions innovantes, pour résoudre des problèmes majeurs rencontrés par la Ville de Paris et dans le cadre des 17 Objectifs du Développement Durable. (*Source : thebiopolis.com*)

⟳ **Le STEAM à Mumbai en 2018,**

programme d'apprentissage expérientiel réunissant des entrepreneurs ; des étudiants ; des universités et des entreprises, pour travailler à la résolution de problèmes correspondants aux Objectifs du Développement Durable.

(Source : steam.makersasylum.com)

⟳ **Elio's l'arbre solaire,**

imaginé par des étudiants de l'Université Via Domitia à Perpignan, dans le cadre d'un projet universitaire sur les énergies renouvelables. Fonctionnant grâce à des panneaux solaires et disposant de bancs, il permet de charger un téléphone, ou de se connecter au Wifi. Et même de mesurer la qualité de l'air.

(Source : elioslarbresolaire.fr)

9. L'autonomie alimentaire et des infrastructures de santé à l'échelle des territoires

Allant de pair avec un enjeu de reconstruction des nouveaux récits territoriaux, l'alimentation et la santé durable sont des enjeux que l'on devine liés : aux besoins de cohérence territoriale et de développement local – *voire rural.*

La crise du Covid a de plus révélé toutes les faiblesses liées aux difficultés d'approvisionnement en produits alimentaires et pharmaceutiques. Cet enjeu apparaît donc aussi comme un enjeu de sécurité.

2.9.1. Satisfaire les attentes en matière alimentaire et santé

Les consommateurs ne sont pas seulement aujourd'hui en demande de sens et d'éthique. Ils ont aussi des exigences en termes de qualité et de proximité.

D'où la nécessité de reterritorialiser les productions agricoles et leur transformation, pour mieux garantir le respect de l'environnement, la qualité et la mise en relation directe Producteurs/Consommateurs.

C'est une question vitale pour les populations, tout comme l'est aussi celle de disposer dans les territoires, de structures respectueuses de l'environnement et fabricant des produits pharmaceutiques.

⟳ Il y a donc des chantiers à mener en matière de développement :

- De circuits courts
- D'agroécologie
- De rémunération d'un prix juste et équitable
- De visibilité des produits vertueux et locaux.
  Par exemple par la labélisation

A propos de labélisation, on pense ici par exemple :

- *Au label DEMETER*, qui est une forme d'agriculture biologique qui se veut régénératrice des sols ; holistique et positive. (*Source : demeter.fr*)

- *Au label Nature et Progrès*, qui propose un accès à **une alimentation** « **locale, saine et équitable** », dans le respect des équilibres : sols ; végétaux ; animaux. (*Source : natureetprogres.org*)

- *Au Certificat de Haute Valeur Environnementale*, qui reconnaît des bonnes pratiques environnementales et sanitaires des exploitations agricoles.

- *A la Marque Territoire*, qui permet aux producteurs dans un territoire, de disposer d'une meilleure visibilité de ses produits et de leurs origines. Comme les produits « Sud de France » par exemple. (*Source : sud-de-France.com*)

➲ **Il y a aussi des chantiers à mener en termes de renforcement de l'industrie pharmaceutique,**
pour éviter les ruptures d'approvisionnement – *plus de 2000 ruptures en 2020 à l'Hôpital Henri Mondor à Créteil.*

C'est par exemple le cas de la région Normandie qui tente cette expérience, pour en même temps favoriser son tissu économique local.

2.9.2. Recréer des filières et des infrastructures

Pour concrétiser des chantiers de sécurité alimentaire et développer les économies locales, les efforts doivent déjà se porter sur la constitution de chaînes de valeur : les producteurs ; les usines de transformation ou de conditionnement ; les acteurs de la commercialisation.

Cela revient donc à créer des filières qui n'existaient pas, ou qui n'existaient plus. Et à miser sur leur flexibilité, au service d'un territoire. Comme toujours, il y faut : de l'énergie, une vision et de l'engagement personnel.

Pour illustrer cela, nous vous proposons les trois exemples suivants.

➲ **Le cas de la filière « riz de Camargue »**
85% du riz de Camargue est conditionné loin des producteurs de ce territoire. En Italie ou dans le nord de la France !!!

L'un des producteurs de cette céréale s'est alors engagé dans la création d'une usine de conditionnement locale. Une relocalisation de bon sens, qui est aussi propice à la création d'emplois et à la réduction des gaz à effet de serre liés au transport.

⊃ Le cas de la filature ardéchoise Ardelaine

Ardelaine est une SCOP née en 1982 de la vision de ses créateurs, qu'il était encore possible d'exploiter cette matière – *la laine* – qui était à cette époque jetée. Avec force et conviction, ses fondateurs ont œuvré à reconstituer une filière et à redresser l'image de cette matière.

Faisant de plus preuve de flexibilité et de créativité, *au service d'un développement local vertueux*, ils ont tour à tour créé :

- Des matelas traditionnels ; des couettes ; des oreillers
- De l'habillement en rachetant une bonneterie en difficulté
- Un café-librairie et une salle d'animation
- *Un pôle alimentaire* avec un restaurant et un atelier de transformation

⊃ Le cas de la coopérative agricole Fermes de Figeac

Confrontée à une image négative du territoire, qui conduisait les jeunes gens à le quitter et à une écrasante concurrence de l'agro-industrie, cette coopérative agricole à œuvrer 25 ans durant, à en redresser l'image. Et à *donner corps à l'identité : Fermes de Figeac*.

Par exemple à travers la création :

- D'un espace de vente de produits régionaux
- De sa propre boucherie
- D'une fête
- D'un projet mutualisé de construction de 7 hectares de toits photovoltaïques sur 190 bâtiments agricoles
- D'une participation à une légumerie pour la confection de 2000 repas de restauration collective
- D'un appel à projet pour l'acquisition d'un parc de véhicule électrique, pour faciliter la mobilité durable au sein du territoire

10. Les nouveaux systèmes énergétiques au cœur d'une nouvelle économie

Les nouveaux systèmes énergétiques ne sont pas seulement un enjeu autour d'une énergie propre et décarbonée. Ils sont aussi l'un des piliers d'une nouvelle économie – *une troisième révolution industrielle* – fondée sur l'intérêt de la communauté, plutôt que sur les satisfactions du désir individuel.

C'est du moins ce que nous annonce l'économiste et essayiste américain, Jérémy RIFKIN, dans son ouvrage visionnaire : « La troisième révolution industrielle », paru en 2013.

Selon cet auteur, qui parmi d'autres conseille les gouvernements, *les systèmes énergétiques de demain sont l'un des cinq piliers de cette nouvelle économie.* Les quatre autres étant selon son analyse :

- Les bâtiments, les infrastructures et les habitations à énergie positive, *qui réinventent les villes de demain et améliore « les cadres de vie »*
- Les technologies de stockage de l'électricité verte
- Les véhicules non polluants et décarbonés : hybride ; électrique ; à pile de combustion ; ...
- Les réseaux électriques intelligents qui reposent sur le numérique. Avec non plus une distribution centralisée, mais *distribué entre plusieurs producteurs. Et l'on peut penser à cette occasion à notre exemple d'Enercoop.*
C'est aussi d'ailleurs une idée que les urbanistes reprennent à leur compte pour imaginer des villes intelligentes.

Pour réussir la transition vers cette économie de demain et répondre aux défis : économiques ; de sécurité énergétique et de changement climatique, il lui apparaît nécessaire de « *révéler les talents de la jeune génération* », pour qu'ils s'investissent :

- Dans les technologies du transport

- Dans l'internet des objets
- Dans les infrastructures de l'énergie
- Dans les industries de la construction durable
- Etc.

Bref, tout un ensemble de thématiques qui sont en lien avec l'amélioration de notre « cadre de vie » !

11. La qualité du cadre de vie

Chacun des enjeux que nous avons vus jusqu'à présent, contribue à leur manière, à préserver et à améliorer notre cadre de vie :

- En consommant des produits plus adaptés à nos besoins
- En travaillant dans des emplois décents, éthiques et attractifs
- En bénéficiant d'une alimentation saine et d'une santé garantie par la proximité et la disponibilité des produits nécessaires
- En évoluant dans des organisations qui savent s'adapter et dépasser les anciennes pratiques
- En recevant une éducation et des formations qui mettent en capacité d'agir
- En accédant à de nouveaux savoirs et en partageant des idées novatrices
- En vivant dans des territoires revitalisés et attractifs
- En s'appuyant sur une meilleure utilisation des ressources, pour nous préserver de vivre sur les déchets et de « gaspiller » la nature
- Et en réinventant les systèmes énergétiques

Il nous reste toutefois à aborder l'évolution de nos espaces de vie, qui revient à inventer les villes de demain.

2.11.1. Inventer les villes de demain

C'est d'autant plus une nécessité, qu'il y a aujourd'hui un rejet grandissant du modèle actuel des grandes villes. Un tiers des français disent même vouloir quitter la ville pour la campagne.

En effet le modèle de ville que nous connaissons, avec leur lot de nuisances - *coût du logement ; absence de nature ; bruit ; foule ; mobilité contrariée ; ...* – et leur uniformisation – *mêmes enseignes de commerces ; mêmes matériaux ; mêmes reflexes urbanistiques (tours ; quartiers d'affaires ; centres commerciaux ; ...*) – agissent de plus en plus comme des repoussoirs.

C'est ainsi aussi, pour réinventer les villes, mais aussi les espaces ruraux, que les talents sont appelés à travailler.
Notamment pour concilier :

- Urbanisme
- Ecologie
- Numérique
- Diversification des transports
- Autonomie énergétique
- Questions sanitaires
- Etc.

2.11.2. Un large domaine d'expression des talents

Imaginer les villes de demain pour qu'elles soient agréables et vertueuses, c'est aussi travailler sur la conception d'éco-quartiers, ou de villages éco-soutenables dans les territoires ruraux.

C'est donc un large domaine d'expression des talents, qui fait appel à des métiers très différents, exercés dans un cadre professionnel. Mais aussi à des bénévoles ou à la participation citoyenne. *Par exemple à travers le financement participatif de projets.*

2.11.3. *« Petites Villes de demain »*

Pour améliorer le cadre de vie des habitants des petites communes et des intercommunalités de moins de 20 000 habitants et accompagner leurs projets de revitalisation, ou de conversion vers un modèle plus écologique, l'Etat a lancé le 01/10/2020, le programme « Petites Villes de Demain ».

Ce dispositif permet ainsi à ces petites villes et territoires ruraux, de bénéficier pour imaginer et définir leurs projets :

- D'un accompagnement en ingénierie
- D'un accès à un réseau d'échange d'expériences et de partage des Bonnes Pratiques
- Et d'un financement de mesures thématiques

Chapitre 3

Repères et notions clés

1. Les « talents » d'une croissance responsable

3.1.1. Le concept de « talent »

Constituant le cœur de cet ouvrage pour la réussite de la transition écologique, il est naturel d'apporter quelques éclairages sur le concept de « talent ».

La notion de talent est en effet une idée qui n'a pas toujours eu le même sens. Et *qui a évolué à mesure que la marche du monde et le « travail » se complexifiaient.*

La notion de talent est donc liée à la fois aux évolutions des modèles de Gestion des Ressources Humaines (GRH) – *supposés gérer les hommes au travail* – et à celles du management – *supposé conduire leurs actions et assurer leur progression.*

Ainsi, à mesure que s'enrichissaient les travaux de réflexion et de recherche sur les organisations et le management, **on est progressivement passé de l'idée que l'homme était « une ressource », à celle qu'il peut être « un moteur de changement et de rupture ».**

Pour faire une rétrospective schématique, on peut dire que la notion de talent a connu trois époques.

Celle des « 30 glorieuses », qui traversaient une période de stabilité – *du moins à ne s'en tenir qu'au seul plan économique.*
Les modèles de GRH se bornaient alors à attendre des « ressources » humaines, qu'elles se contentent de respecter les tâches qui leur étaient dévolues.

Celle des années 80, au cours desquelles la concurrence internationale est devenue plus prégnante.
Il est alors apparu que les connaissances des hommes étaient un élément clé pour se distinguer. Les modèles de GRH ont alors évolué vers le modèle de « Gestion des compétences ».

Celle enfin des années 2000, où pour surnager dans une compétition devenue féroce et pour faire face à la *complexification du travail,* qui requiert de chacun qu'il possède de *multiples registres de savoirs* et qu'il ait *une vision pour créer des ruptures,* le modèle de « Gestion des talents » s'est alors imposé.

Mais comme nous l'avons vu dans l'analyse des enjeux, il ne faut pas uniquement considérer les talents de la sphère salariale classique, pour aboutir à un monde soutenable.

3.1.2. La diversité des talents nécessaires à un monde soutenable
Ce sont :

⊃ **Les personnes à l'intérieur des organisations ou des systèmes établis,**
qui trouvent des solutions pour en améliorer le fonctionnement ; qui font accepter le renoncement aux anciennes pratiques ; qui sont des transféreurs de savoirs ; qui implémentent de nouvelles technologies ; qui réinventent leur métier ; qui innovent ; ...

⊃ **Les avant-gardistes en dehors des systèmes établis,**
qui ont compris toutes les opportunités que représente la transition écologique. Ce sont par exemple : les créateurs de start ups innovantes ou de farmtechs.

⊃ **Les personnes extérieures à la sphère professionnelle classique,**
qui adhérent à une vision solidaire. On pense ici aux utopistes, comme les créateurs d'Ardelaine – *vue précédemment* – alors que tout semblait jouer contre eux.

On peut aussi penser aux bénévoles, aux militants et aux libres adhérents à des structures qui portent une vision sociale, environnementale et éthique. Comme Enercoop que nous avons déjà présenté – *Société Coopérative d'Intérêt Collectif.*

Ou encore comme tous ceux qui travaillent dans des entreprises sous statut d'Entreprise d'Utilité Sociale. C'est-à-dire les entreprises de l'Economie Sociale et Solidaire.

2. Acteurs des talents d'une croissance soutenable

Nous vous proposons quelques-uns de ces acteurs.

3.2.1. Les recruteurs spécialisés

Il n'est pas dans notre intention ici de leur faire de la publicité, mais il est notable de constater, que des cabinets de recrutement ont choisi de se positionner sur les talents d'une croissance responsable.

C'est ce que font les deux structures suivantes, avec toutefois deux tropismes différents.

⊃ Le cabinet Birdéo

Positionné sur la RSE et le Développement Durable, Birdéo est un cabinet de recrutement de talents des métiers à « impacts positifs ».

Ils ont ainsi pour domaines d'expression :

- La finance durable
- Les énergies renouvelables
- La RSE
- Les performances énergétiques
- La mobilité durable
- Les achats responsables
- Les entreprises à mission
- Le climat
- La communication, le marketing – *contributing* -, le commerce

⊃ Le cabinet Orientation Durable

Travaillant exclusivement sur les postes de l'Economie Sociale et Solidaire, Orientation Durable est un cabinet de recrutement dont l'équipe travaille pour :

- Des entreprises
- Des ONG
- Des collectivités territoriales
- Des associations
- Des fondations
- Des mutuelles

On peut ainsi citer parmi leurs clients : Médecins sans frontières ; Fondation Nicolas Hulot pour la Nature et l'Homme ; WWF ; Société Saint Vincent de Paul ; ...

Le cabinet propose également sur leur site internet – *du moins lors de notre dernière consultation* – un « inventaire de masters en environnement et développement durable », qu'il peut être utile de consulter.

3.2.2. Les acteurs de la transformation des organisations et du développement des talents

Ce sont ici des organisations qui contribuent à produire et à diffuser des connaissances, de l'information et à expérimenter des initiatives autour du Développement Durable.

Comme précédemment, nous vous proposons quelques-uns de ces acteurs, qui par leurs travaux sont *de véritables supports de développement des talents*.

⊃ Le C3D

Constitué sous la forme associative, le **Collège des Directeurs du Développement Durable**, réunit plus de 180 membres du Développement Durable et de la RSE, d'entreprises publiques et privées.

Il s'est donné pour but de faire « émerger de nouvelles façons de penser pour agir, produire, consommer, commercialiser et *manager autrement* ».

Il fonctionne au travers de : groupes de travail ; de l'instauration de Bonnes Pratiques ; d'outils d'échanges - *groupe Linkedin privé ; groupe Whats App privé* – de diffusion d'actualités RSE et DD ; de conférences ; ...

⊃ Le CDC Biodiversité

Filiale du Groupe Caisse des Dépôts, il a pour objectif d'agir pour la biodiversité. Cette organisation propose son accompagnement dans la réalisation de sites naturels, ou pour revégétaliser les villes. Comme par exemple : la végétalisation des toits ; l'aménagement d'espaces extérieurs ou d'îlots de biodiversité.

Il propose aussi des outils. Comme le Biodiversity Score, pour permettre aux entreprises et aux institutions, de mesurer leur empreinte biodiversité.

Schneider Electric s'est par exemple appuyé sur cet outil pour repenser sa stratégie.
(*Source : cdc-biodiversite.fr*)

↪ La plateforme/communauté Engage

Mobilisée sur les défis du 21 ème siècle, la Communauté Engage est une plateforme d'échanges sur les domaines : de l'environnement ; de l'éducation ; de la santé ; de la démocratie ; ...

Au travers d'une « université », elle se donne aussi pour objectif, d'accompagner « la mise en place d'organisations éthiques et inspirantes ».

Elle organise aussi des défis. Comme le Défi Biodiversité by Engage, pour « replacer l'économie au service du vivant ».
(*Source : engage-defi-biodiverte.com*)

↪ Entreprises pour l'environnement (EPE)

EPE est une association d'une cinquantaine de grandes entreprises, souhaitant mieux prendre en compte l'environnement dans leur stratégie.

Elle se présente comme un cercle de réflexion – *think tank* – et se propose d'améliorer les connaissances et les pratiques de ses membres. Par exemple au travers de Act4nature, pour créer une dynamique sur le thème de la biodiversité.
(*Source : act4nature.com*)

↪ Les éco-organismes de la gestion collective des déchets

Fonctionnant sous statut privé et exerçant une mission d'intérêt général, ce sont des acteurs incontournables du recyclage. Ils sont chacun dédiés à une filière industrielle donnée.
Par exemple : Ecosystem pour les appareils électriques usagés.
APER pour les navires de plaisance et de sport ; Cyclamed pour les médicaments.

Leurs missions sont : de gérer les contributions obligatoires ; de sensibiliser ; de communiquer ; d'accompagner sur l'éco-conception.

Et de développer des outils. Comme par exemple REEECYC'LAB d'Ecosystem, qui permet aux producteurs d'évaluer la recyclabilité de leurs produits, à partir des matières premières utilisés ; des composants ; du modèle d'assemblage ; ...

3. Les emplois verts

3.3.1. Le concept « d'emploi vert » et leur comptabilisation

Ce sont les emplois liés à l'adaptation des modèles de production et du fonctionnement des sociétés, vers des systèmes qui répondent aux défis environnementaux et sociaux.

C'est donc une notion récente et floue, puisqu'il existe deux démarches de comptabilisations des emplois verts.

⊃ **Celle de la finalité économique d'un secteur d'activité**
Sont dans ce cas considérés comme emplois verts, les emplois liés aux éco-activités, puisqu'ils ont pour finalité la protection de l'environnement.

⊃ **Celle de l'impact de l'activité sur l'environnement**
Les emplois sont ici considérés comme vert, si l'activité d'une entreprise se montre moins polluante, ou moins consommatrice de ressources, que ses concurrents à niveau d'activité équivalent.
Ce qui ne s'obtient que si l'entreprise s'est engagée à repenser ses manières de travailler.

3.3.2. Problématiques et métiers du développement durable

⊃ **La prévention des pollutions et des risques liés**
- Ingénieur fluide
- Ingénieur contrôle du bruit
- Technicien de mesure des pollutions
- Responsable Qualité Sécurité Environnement
- Etc.

⊃ **La gestion de l'eau**
- Technicien d'exploitation de l'eau
- Responsable d'unité d'eau potable
- Etc.

⊃ **La gestion des déchets**
- Chargé de mission valorisation agricole
- Responsable d'usine de compostage
- Ingénieur du traitement des déchets
- Etc.

⊃ **Les métiers de l'énergie**
- Chef de projet en énergie renouvelable
- Ingénieur en génie thermique
- Responsable de la transition énergétique
- Etc.

⊃ **La protection de la nature**
- Expert naturaliste
- Agent technique forestier
- Ingénieur du génie rural des eaux et forêts
- Responsable filière responsable
- Etc.

⊃ **La sensibilisation et l'éducation**
- Animateur nature
- Conseiller info-énergie
- Juriste en droit de l'environnement
- Chargé de communication environnement
- Chargé de plaidoyer
- Etc.

⊃ **La réinvention de l'habitat et de l'aménagement pour les villes de demain**
- Artisan spécialisé en éco-construction
- Chef de projet marketing vert
- Spécialiste en écologie urbaine (toit végétalisé ; îlot de biodiversité ; ...)
- Manager de l'innovation sociale et environnementale
- Etc.

⊃ **Le conseil dans la redéfinition des organisations**
- Conseil RH et organisation
- Responsable de l'Expérience Employé et Marque Entreprise
- Responsable RSE et DD
- Spécialiste du design organisationnel
- Etc.

3.3.3. Focus : métiers nouveaux d'avenir

Nous vous proposons ici les deux nouveaux métiers suivants, vraisemblablement amenés à prospérer.

⊃ **Ingénieur en Ecologie Industrielle et Territoriale**
Voué à travailler en collectivité ou en entreprise, cet ingénieur est doté d'une formation reposant sur les principes de l'économie circulaire.

Il peut ainsi exercer les métiers : de responsable achat ; de chargé de projet de territoire ; de responsable QSE ; ...

77

Ses principales compétences sont de :

- Proposer des solutions aux risques environnementaux qu'il identifie
- Conduire un projet environnemental
- Maîtriser les outils de reporting : rapport Développement Durable ; certification ; labels
- Mettre en œuvre des politiques sectorielles de développement durable

(Source : Université Bretagne Sud – univ-ubs.fr)

⊃ **Manager d'organisation de l'Economie Sociale et Solidaire**

L'ESS est un secteur en pleine progression représentant *10% du PIB national et 2,360 millions d'emplois.* Elle regroupe des structures de taille très différentes et d'activités diverses : l'action sociale ; le sport et le loisir ; la finance ; le bancaire et l'assurance ; le développement durable.

Mais aussi des structures industrielles, les SCOP – *Société Coopérative et Participative.*

Le manager d'une organisation de l'ESS est donc un manager presque comme les autres. Mais qui *se doit de respecter certaines spécificités, des principes et des valeurs :*

- La structure est vouée à autre chose que le seul partage des bénéfices
- Une gouvernance démocratique : un homme, une voix
- Une lucrativité limitée puisque les bénéfices servent à développer l'organisation
- La personne et l'objet social prime sur le capital
- Une double structure : salariale classique avec contrat de travail ; politique composée de militants ou de bénévoles
- De projets liés à l'activité du territoire pour son développement
- La qualité « d'acteur tiers », situé entre le marché et l'Etat pour combler les besoins qu'elle détecte

- L'innovation sociale construite sur les territoires
(*Source : conférence « Le manager des organisations de l'ESS, un manager comme les autres ? » Université Paris-Dauphine ; France Culture.fr – 08/01/2019*)

4. Les principales mesures incitatives et légales à connaître. Lois. Normes. Labels.

⊃ **Le cadre Onusien des Objectifs de Développement Durable**

Acteur indispensable du Développement Durable, les Nations Unis ont défini en 2015, un programme d'orientation autour de 17 grands thèmes, adoptés par 193 pays :

- Pas de pauvreté
- Faim « zéro »
- Bonne santé et bien-être
- Education de qualité
- Egalité entre les sexes
- Eau propre et assainissement
- Energie propre et d'un coût abordable
- Travail décent et croissance économique
- Industrie, innovation et infrastructure
- Inégalité réduites
- Villes et Communautés Durables
- Consommation et Production responsables
- Mesures relatives à la lutte contre le réchauffement climatique
- Vie aquatique
- Vie terrestre
- Paix, justice et institutions efficaces
- Partenariats pour la réalisation des objectifs

(*Source : un-org/sustainabledeveloppement/fr/*)

⊃ La politique intégrée des produits (PIP)

Cette règlementation européenne adoptée en 2003, prévoit une approche volontaire pour limiter les dégradations des produits tout *au long de leur « cycle de vie »*.

- La directive 2009/125/CE fixe ainsi *des exigences en matière d'éco-conception*.
Par exemple : une quantité minimale de matériaux recyclés à mettre en œuvre dans la fabrication.

- La directive 2008/98/CE relative aux déchets et qui introduit *le « principe de la responsabilité élargie des producteurs »*.

⊃ La norme NF X80-264 qui définit l'éco-conception

« Intégration systématique des aspects environnementaux dès la conception et le développement des produits et tout au long de leur cycle de vie, ... Cette approche vise à trouver le meilleur équilibre entre les exigences environnementales, sociales, techniques et économiques dans la conception et le développement des produits ».

⊃ La loi de lutte contre le gaspillage et l'économie circulaire du 11 février 2020

Cette loi nationale durcit le ton dans le registre « pollueur-payeur » et élargit l'assiette des industriels devant verser une contribution à *un éco-organisme – nous en avons cité quelques-uns plus haut*. Elle désigne les secteurs devant respecter le principe de la « Responsabilité Elargie des Producteurs » : jouets ; produits de bricolage ; produits de sport ; ... et l'élargit à partir de 2022 : aux lingettes ; aux déchets du bâtiment ; aux véhicules hors d'usage ; ...

⊃ Les lois Grenelle I et II de 2009 et 2010

Elles entérinent un ensemble d'engagements destinés à mener la mutation écologique de la France : augmentation de la surface de l'agriculture biologique ; réduction des déchets ; accroissement des énergies renouvelables ; biodiversité ; rénovation thermique des bâtiments ; ...

⊃ La loi de l'Economie Sociale et Solidaire de 2014

Cette loi encourage la croissance de ces organisations et *soutient le développement durable local.*

Elle répond à cinq objectifs :

- Reconnaître l'ESS comme *un mode d'entreprendre spécifique*
- *Renforcer les politiques de développement local durable*
- Consolider le réseau, la gouvernance et les outils de financement des acteurs de l'ESS
- Provoquer un choc coopératif
- Redonner du pouvoir d'agir aux salariés

⊃ La loi PACTE (Plan d'Action pour la Croissance et la Transformation des Entreprises) adoptée le 22 mai 2019

Elle a pour objectif de mieux partager la valeur créée par les entreprises avec les salariés. Elle permet aussi aux entreprises de mieux prendre en compte les enjeux sociaux et environnementaux dans leur stratégie. Elle introduit par exemple, la possibilité pour les entreprises, d'adopter dans leurs statuts *une raison d'être répondant à l'intérêt général* et tente ainsi de redéfinir la place de l'entreprise au sein de la société.

Les entreprises qui adoptent alors une raison d'être, doivent également préciser dans leurs statuts, quelles sont les modalités de contrôle de la réalité de l'application de la mission d'intérêt général, qu'elles se sont choisie.

Un organisme indépendant doit à cette fin, être désigné pour effectuer tous les deux ans un contrôle et certifier que l'entreprise respecte bien ses objectifs. Cet organisme rend alors un avis public, consultable sur son site internet.

⊃ Les labels verts

Ce sont des démarches de certification qui garantissent l'impact limité sur l'environnement : de l'activité ; d'un produit ; d'un service ou de la gestion d'une exploitation.

Par exemple :

- NF Environnement
- La fleur ou Ecolabel européen
- Préserve la couche d'ozone
- L'anneau de Moebius qui certifie qu'un produit est recyclable ou qu'il contient au moins 65% de matière recyclée
- Cradle to cradle, C2C, qui certifie qu'un produit peut être recyclé en fin de vie pour produire le même produit sans ajout énergétique
- Programme de reconnaissance de certifications forestières (PEFC)
- Etc.

⊃ Le label Greenfin

Lancé en 2015, ce label garantit que des fonds d'investissement sont engagés dans le *financement de l'économie verte et de la transition écologique et énergétique.*

5. Travail équitable et revenu de transition

La rémunération est l'une de ces notions qui ne cessent jamais de générer : débats ; envies et frustrations. C'est qu'outre les espérances d'épanouissement, de bien-être et de qualité de vie qu'elle suscite, elle comporte aussi des aspects :

- *De justice* : prix juste ; justice organisationnelle ; rémunération décente ; reconnaissance des efforts - *fut-il du bénévolat.*
- *De mise en capacité* : pour évoluer ; pour développer des projets ; ...

Deux réflexions qui voyent dans *la rémunération, un levier de transition économique et social*, ont ainsi été menée et méritent d'être précisées. L'une ayant pris la forme de labesl. L'autre demeurant pour l'heure au stade de l'idée.

3.5.1. Les labels « Territoire de commerce équitable » et « Origine France »

Créé en 2009 en vue de « transformer la consommation des habitants d'un territoire », le label « Territoire de Commerce Equitable » est décerné aux collectivités territoriales, qui s'engagent pour le commerce équitable et la consommation responsable.

Ce label reconnaît ainsi les efforts fait : pour mobiliser les acteurs locaux ; sensibiliser et éduquer ; accompagner la structuration de filières porteuses d'équité ; soutenir les circuits de proximité, ou le « Commerce Equitable Origine France ».

Ce dernier est accordé pour une grande diversité de produits : céréales ; produits laitiers ; etc.
(*Source : Commerce Equitable France – commercequitable.org*)

3.5.2. Le « *Revenu de Transition Ecologique* »

Développé dans la revue numérique « La pensée écologique », l'idée d'un « Revenu de Transition Ecologique (RTE) ne fait actuellement pas l'objet – *en 2021* – d'une intention politique de le concrétiser.

Mais il convient en toute chose de ne pas insulter l'avenir, c'est pourquoi il nous semble intéressant d'en faire mention dans cet ouvrage.

Dans ce dispositif, le revenu est un levier de transition écologique. Ainsi à la différence de l'actuel Revenu de Solidarité Active (RSA), ou du Revenu de Base Inconditionnel (RBI) porté par certains milieux académiques et politiques, le RTE inclut, lui, le travail réalisé sous couvert de bénévolat à caractère écologique ou social.

Il comporte également dans ses propositions, la mise en place de mesures « non monétaires », comme l'accompagnement des porteurs de projets et l'adhésion à une structure démocratique.

Il cherche donc manifestement à soutenir l'ESS *et plus encore les talents*, qui pourraient être entravés par la faiblesse de leurs moyens financiers.

Bibliographie

BERLAKOVICH, Niki, Ministre de l'environnement autrichien
« Les emplois verts, un générateur de croissance », *Le Monde*,
juin 2012.

GOUIN, Philippe, ROTURIER, Patrick « Des emplois verts à
l'impact sur l'emploi d'une économie soutenable », *Ecologie et
Politique n°50*, janvier 2015. Consulté sur Cairn.Info.

MALIGORNE, Clémentine « Les emplois verts en pleine
croissance en France », Le Figaro, mai 2019.

« Les engagements pour la croissance verte », *Ministère
de la Transition Ecologique, ecologie.gouv.fr*, juin 2020.

HENAUD, Béatrice « 10 signaux qui montrent que la transition
écologique est en bonne voie », *Novethic.fr*, février 2019.

ALVAREZ, Concepcion « Green Deal Européen : l'UE met
100 milliards d'Euros sur la table pour une transition juste
qui embarque tous les citoyens », *Novethic.fr*, décembre 2019.

ACQUIER, Aurélien, CARBONE, Valentina « Entre croissance et
décroissance, enseigner l'économie circulaire en école de
commerce », *The Conversation*, juillet 2019.

ALBOUY, Michel « La pandémie nous rappelle la véritable raison
d'être des entreprises : survivre », *The Conversation*, août 2020.

CHAUVOT, Myriam « Le projet de loi économie circulaire durcit
le ton face aux industriels », *Les Echos.fr*, mai 2019.

BOISSEAU, Laurence « Raison d'être : les investisseurs veulent
des engagements concrets », *Les Echos.fr*, juin 2020.

ALVAREZ, Concepcion « Après le Covid-19 : cinq priorités pour
un vrai plan de relance vert », *Novethic.fr*, mai 2020.

« Territoire à Energie Positive pour la Croissance Verte »,
tepev.developpement-durable.gouv.

GUASTAVI, Raphaêl « Déchets verts et alimentaires : les détritus
sous-exploités », *The Conversation*, mai 2017.

MICHEAUX, Helen, AGGERI, Franck « Mieux responsabiliser les producteurs en matière d'éco-conception », *The Conversation*, avril 2019.

GONTRAN, Natacha « Comment l'éco-conception s'est imposée dans les entreprises », *The Conversation*, février 2018.

BERRY, Michel « Construire des utopies durables : l'expérience inspirante de la filature ardéchoise ARDELAINE », *The Conversation*, août 2020.

BERRY, Michel « Fermes de Figeac : un cas de réveil des territoires à méditer », *The Conversation*, janvier 2019.

« Label Vert », *Novethic.fr*.

DITTER, Jean-Guillaume, LEQUIN, Sonia, REBOUD, Sophie « Après le Covid-19, comment « reterritorialiser » dans l'industrie agroalimentaire ? », *The Conversation*, juin 2020.

RASTOUIN, Jean-Louis, MEYNARD, Jean-Marc « L'urgence de systèmes alimentaires territorialisés », *The Conversation*, avril 2020.

« Métiers du Développement Durable : comment recruter les jeunes talents ! », *Collège des Directeurs du Développement Durable*, avril 2019.

« Développement Durable : en nous trompant de définition, nous n'arriverons pas à des résultats à la hauteur des enjeux », *Collège des Directeurs du Développement Durable*, avril 2020.

« Environnement-Développement Durable- Fiches métiers », *Studyrama*.

« A cause du changement climatique, le nombre de catastrophes naturelles a presque doublé en 20 ans, alerte l'ONU », *France Info*, octobre 2020.

« Les consommateurs deviennent des consocitoyens : comment s'adapter en tant que marque ? », *Collège des Directeurs du Développement Durable*, juin 2020.

HERAUD, Béatrice « Six initiatives pour engager les entreprises pour la protection de la biodiversité », *Novethic.fr*, septembre 2020.

« Le manifeste de l'ADT-INET pour réussir la transition territoriale », *La Gazette.fr*, mai 2020.

GARRIGUES, Arnaud « Le prochain mandat municipal est crucial pour la transition écologique », *La Gazette.fr*, janvier 2020.

« Master Ecologie Industrielle et Territoriale pour un développement durable des territoires », *Orientation Environnement.fr*.

« MBA spécialisé SMART CITY et management des écoquartiers », *Orientation Environnement.fr*.

« L'écologie industrielle et territoriale », *Ademe.fr*, mars 2019.

LUNEAU, Sylvie « Les habitants soutiennent des projets locaux par des prêts ou des dons », La Gazette.fr, janvier 2020.

« Requalifier les infrastructures linéaires de transports », *La Gazette.fr*, juillet 2020.

POUCHAIN, Delphine « Un commerce plus équitable pour accompagner la transition écologique et sociale », *The Conversation*, août 2020.

BRISEPIERRE, Gaëtan « Qui sont les transféreurs, ces praticiens de l'écologie au travail ? », *The Conversation*, février 2019.

CONDOR, Roland « Miser sur les agriculteurs innovants pour transformer l'agriculture », *The Conversation*, juillet 2020.

« Qu'est-ce qu'un GIEE ? », *giee.fr*.

MAINGUY, Gaël, TADDEI, François ; CHEVRIER, Joël « Débat : Mobiliser l'intelligence collective au service de la transition écologique », *The Conversation*, septembre 2018.

MACLOUF, Etienne « L'apathie des talents : menace ou opportunité pour la transition écologique ? », *The Conversation*, octobre 2018.

SWATON, Sophie « Face à des ressources naturelles comptées, instaurons le Revenu de Transition Ecologique », *The Conversation*, février 2018.

EYNAUD, Philippe « Mobiliser les sciences de gestion pour réussir la transition écologique et sociale », *The Conversation*, janvier 2019.

TORRE, André « Quels secteurs stratégiques pour l'avenir de la France ? », *The Conversation*, mai 2020.

BONNEL, Germain « Malgré le succès du bio, des travailleurs confrontés à la pénibilité et à l'incertitude », *The Conversation*, février 2020.

« Quelles villes pour demain ? », *Le 1, n°318*, 14 octobre 2020.

DELUZARCHE, Céline « 10 chiffres qui montrent que le monde va crouler sous les déchets », *Futura Planète – futura-sciences.com*, novembre 2018.

LENGLET, François « L'Angle éco. Jeremy Rifkin : « La nouvelle mondialisation, c'est partager plutôt que posséder », *France info*, octobre 2014.

www.ingramcontent.com/pod-product-compliance
Lightning Source LLC
Chambersburg PA
CBHW070502220526
45467CB00002B/534

* 9 7 9 8 7 0 1 9 1 0 3 4 6 *